Lady Sapiens

Ouvrage publié sous la direction de Jean-Baptiste Bourrat.

Les Arènes,
17-19, rue Visconti, 75006 Paris
Tél. : 01 42 17 47 80
arenes@arenes.fr
www.arenes.fr

THOMAS CIROTTEAU — JENNIFER KERNER — ÉRIC PINCAS

Lady Sapiens

Enquête sur la femme au temps de la Préhistoire

AVEC DES ILLUSTRATIONS ORIGINALES DE PASCALINE GAUSSEIN

LES ARÈNES

Les dates et indices clés de l'enquête

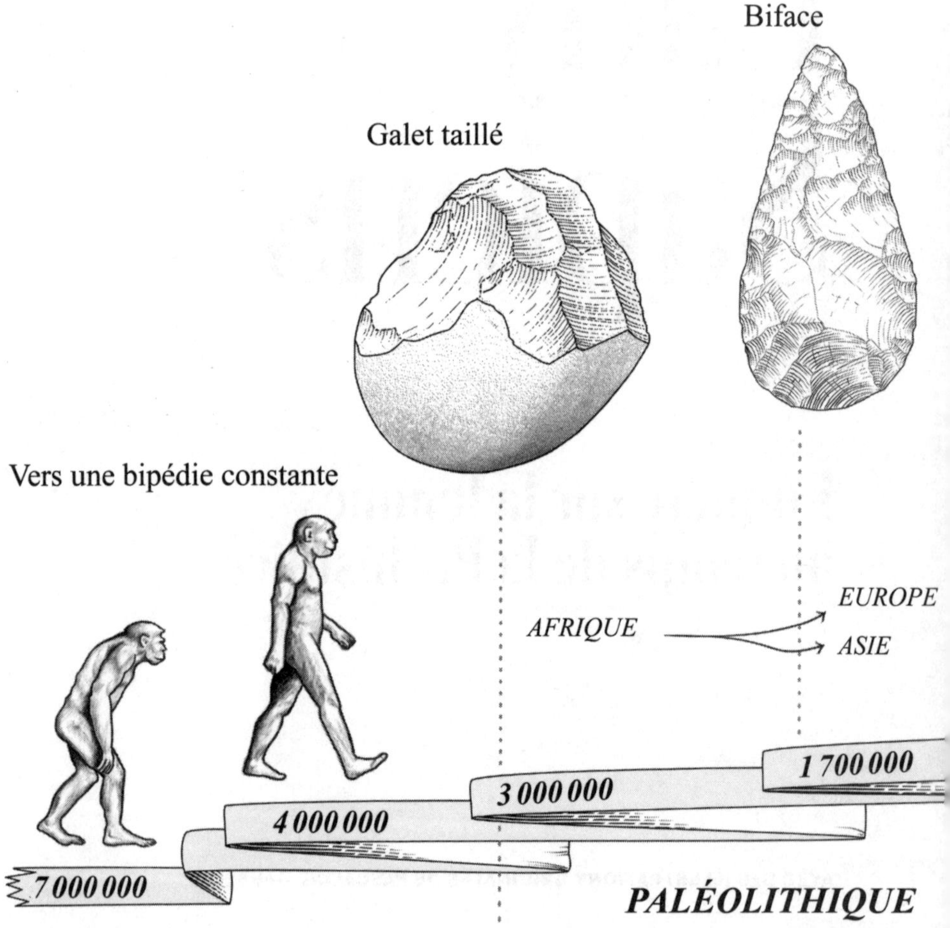

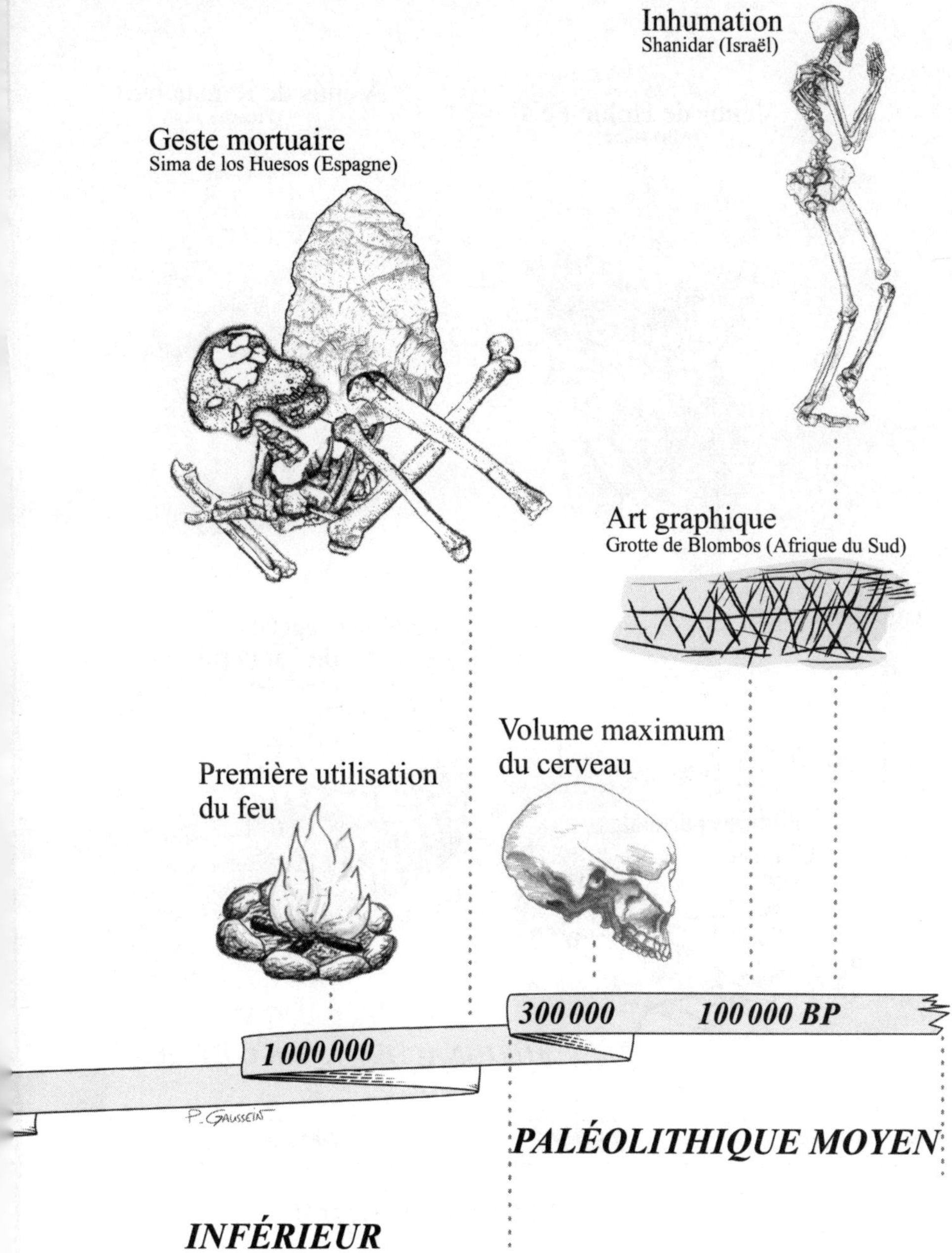

Inhumation
Shanidar (Israël)
Geste mortuaire
Sima de los Huesos (Espagne)
Art graphique
Grotte de Blombos (Afrique du Sud)
Volume maximum
du cerveau
Première utilisation
du feu
300 000
100 000 BP
1 000 000
P. Gaussein
PALÉOLITHIQUE MOYEN
INFÉRIEUR

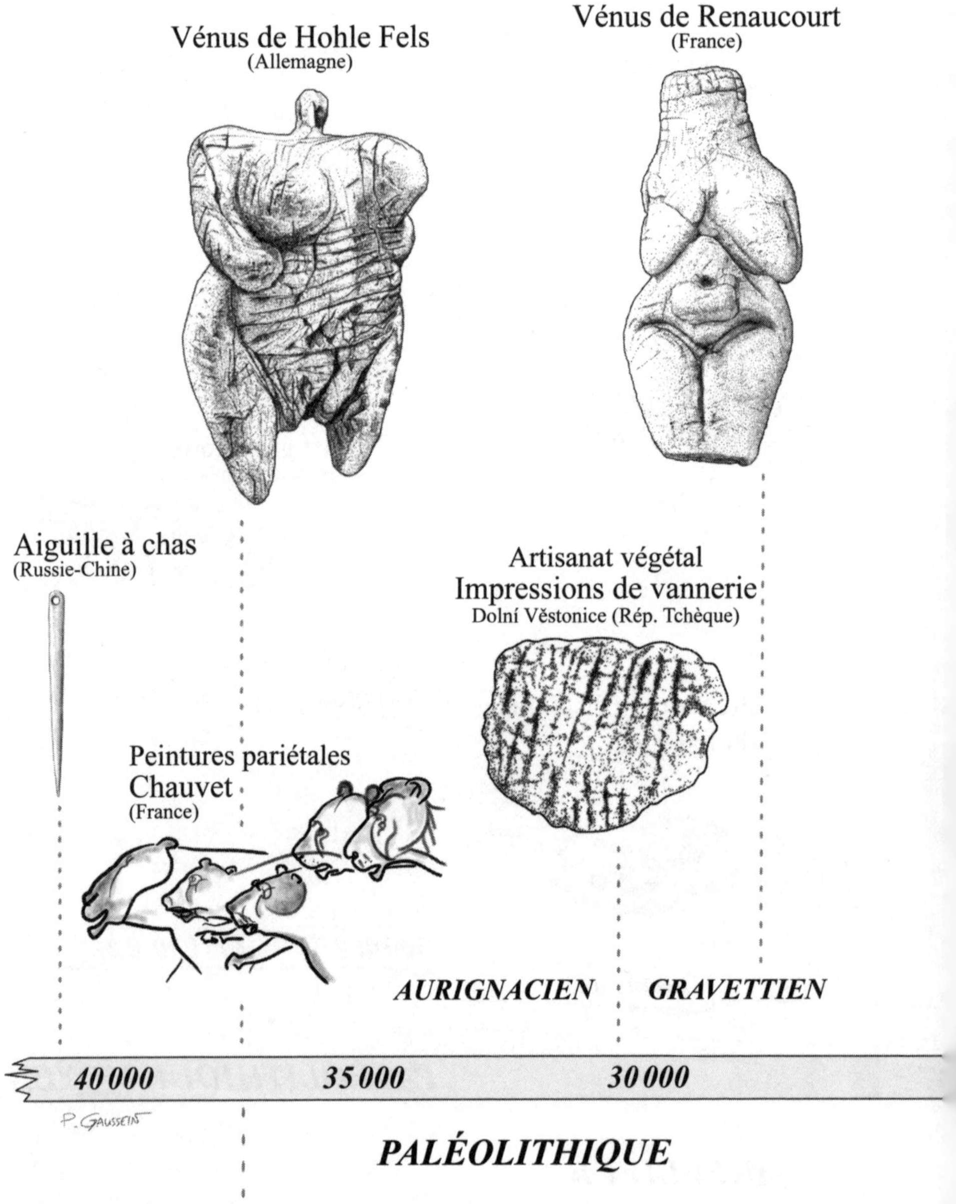
Vénus de Hohle Fels
(Allemagne)
Vénus de Renaucourt
(France)
Aiguille à chas
(Russie-Chine)
Artisanat végétal
Impressions de vannerie
Dolní Věstonice (Rép. Tchèque)
Peintures pariétales
Chauvet
(France)
AURIGNACIEN
GRAVETTIEN
40 000
35 000
30 000
PALÉOLITHIQUE

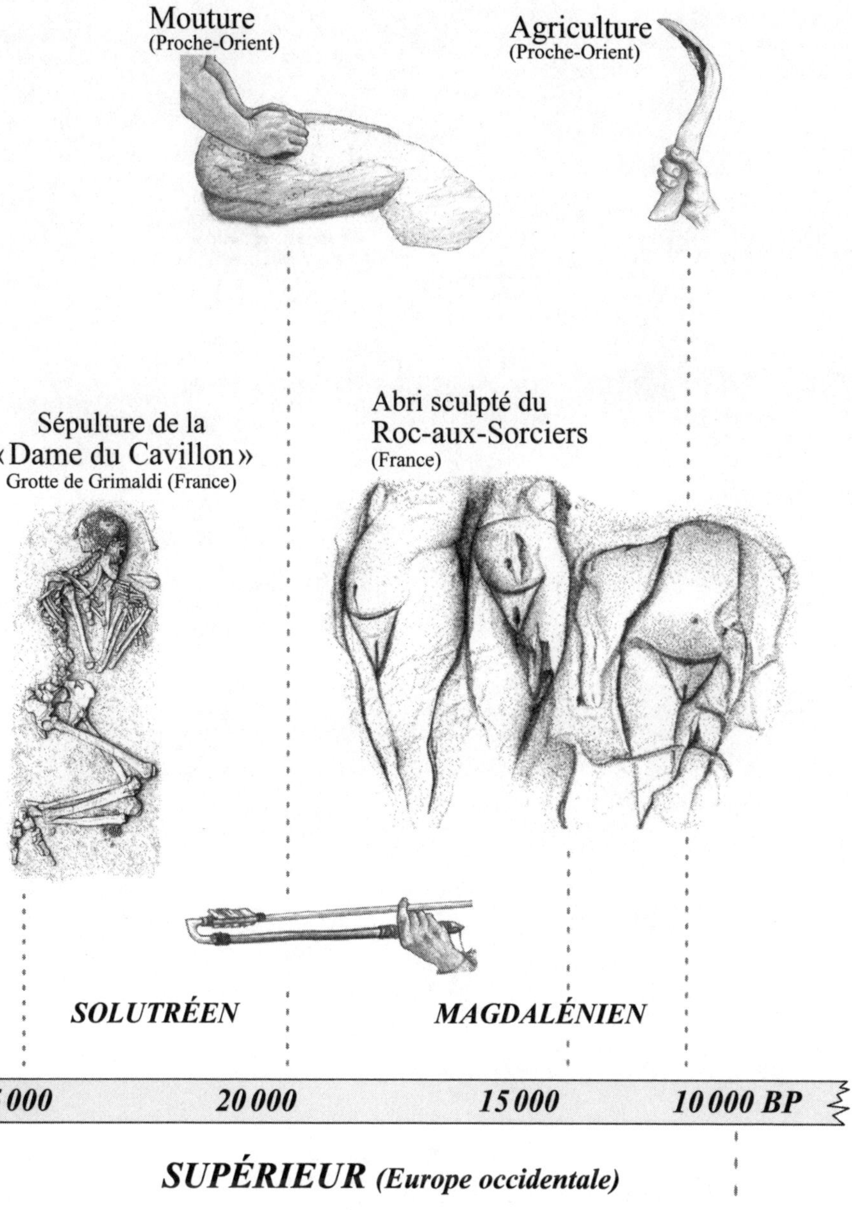

Mouture
(Proche-Orient)
Agriculture
(Proche-Orient)
Sépulture de la
«Dame du Cavillon»
Grotte de Grimaldi (France)
Abri sculpté du
Roc-aux-Sorciers
(France)
SOLUTRÉEN
MAGDALÉNIEN
25 000
20 000
15 000
10 000 BP
SUPÉRIEUR (Europe occidentale)

Préface

La Préhistoire s'est longtemps écrite au masculin et, lorsque la femme était évoquée, c'était pour la peindre en créature sans défense, effrayée, vivant sous la protection d'hommes chasseurs surpuissants. Depuis que les rangs des préhistoriens ont commencé à s'étoffer de femmes, une autre image s'est peu à peu dessinée. Mais entre la vision traditionnelle d'une femme écrasée sous le joug masculin et celle, tout aussi excessive, d'une femme chasseresse égale de l'homme manquait un portrait rigoureux plus nuancé, s'appuyant sur les sources archéologiques tout en prenant en compte les approches ethnographiques. C'est dans cette optique que j'ai tenté de dresser un inventaire de tous les indices archéologiques, directs ou indirects, nous renseignant sur la place des femmes dans les sociétés de chasseurs-cueilleurs préhistoriques. Ces sources sont les ossements humains eux-mêmes, mais aussi les objets qui accompagnent les défunts dans la tombe, les empreintes de pas laissées fortuitement dans l'argile des grottes, les mains appliquées sur la paroi pour y déposer la marque de son passage, les vestiges matériels des activités techniques, etc.

Cette synthèse est parue dans un ouvrage collectif publié chez Oxford University Press en 2019[1].

Ma rencontre avec Éric Pincas et Thomas Cirotteau remonte à 2018. Ils avaient déjà entamé leur réflexion sur un projet de documentaire[2] autour de la place de la femme durant la Préhistoire, et je leur ai communiqué mon article qui était alors sous presse. Ils m'ont fait l'amitié de me demander de les accompagner dans leur travail et d'être leur conseillère scientifique pour le documentaire, puis par la suite pour l'expérience en réalité virtuelle qui prolonge le film, ainsi que pour le présent ouvrage. J'ai accepté cette collaboration avec enthousiasme. C'est ainsi que mon étude parue en anglais et restée finalement assez confidentielle en France a constitué le point de départ de l'enquête qui a abouti à la réalisation du film, joliment intitulé *Lady Sapiens*. L'objectif du documentaire et de ce livre est de faire connaître au plus grand nombre les résultats de cette synthèse sur la place et le rôle de la femme durant la Préhistoire.

J'ai insisté sur le fait que rien ne devait être imaginé ni laissé au hasard et que toutes les hypothèses avancées dans le film devaient être soutenues par des indices pertinents. C'est sur cette base qu'il a peu à peu pris forme. Éric et Thomas

1. Sophie A. de Beaune, « A Critical Analysis of the Evidence for Sexual Division of Tasks in the European Upper Paleolithic », in K.A. Overmann et F.L. Coolidge (dir.), *Squeezing Minds from Stones: Cognitive Archaeology and the Evolution of the Human Mind*, Oxford, New York, Oxford University Press, 2019, p. 376-405.

2. *Lady Sapiens*, documentaire de Éric Pincas, Thomas Cirotteau et Jacques Malaterre, réalisé par Thomas Cirotteau, produit par Little Big Story et Ideacom International, 2021.

ont bien évidemment fait l'essentiel du travail, mais nous avons beaucoup échangé pour dresser la liste des meilleurs spécialistes du domaine qui pourraient intervenir. C'est ainsi qu'ils ont mené une investigation de terrain qui s'avère être la toute première sur le sujet. Préhistoriens, mais aussi paléogénéticiens, paléoanthropologues, historiens de l'art, ethnologues et autres spécialistes ont été convoqués pour apporter leur pierre à l'édifice. Le documentaire est construit à la manière d'un puzzle ou d'un jeu de piste, qui se laisse apprécier comme une véritable enquête policière. Chaque indice est traqué, du chantier de fouille aux éprouvettes des laboratoires, et aucune réponse aux questions posées n'est apportée dans la précipitation : elles sont pesées et les éventuels points de vue divergents confrontés. Le résultat est nuancé, et tout discours un tant soit peu militant en a été banni afin d'atteindre la plus grande objectivité possible.

Ce livre poursuit l'aventure du documentaire et reprend les arguments qui y ont été développés. Tout en restant aussi rigoureux, il a été écrit dans un langage clair, afin d'être accessible à un large public de non-spécialistes. Jennifer Kerner a su rendre compte de l'enquête menée par Éric et Thomas à travers un récit au style alerte et vivant. Tous deux l'ont accompagnée au long de la rédaction, et j'ai pour ma part veillé à ce que chaque assertion soit justifiée. Grâce à cette aventure collective totalement inédite, le lecteur devrait se faire une idée plus précise de ce que l'on peut raisonnablement dire aujourd'hui de cette Lady Sapiens.

Mais pourquoi un tel documentaire et un tel livre aujourd'hui ? Les progrès des recherches en Préhistoire, qui s'appuient sur des analyses en laboratoire de plus en plus fines et sophistiquées, permettent d'apporter des réponses à des énigmes qu'il était impossible de résoudre il y a quelques décennies. L'analyse de l'ADN (acide désoxyribonucléique) permet par exemple de déterminer le sexe d'un squelette là où les indices ostéologiques manquent. Et il est possible de traquer des pathologies résultant du stress au travail, ce qui était inaccessible il y a seulement une décennie. De plus, les chercheurs sont aujourd'hui pour une large part des chercheuses, qui ont tout naturellement élargi les recherches à des sujets qui avaient été totalement ignorés, voire dédaignés, par leurs collègues hommes. Les activités considérées traditionnellement comme masculines, la chasse et la taille de la pierre par exemple, occupaient le devant de la scène, en partie, il est vrai, parce que ce sont celles qui laissent le plus de traces archéologiques. Les activités supposées féminines – travail des peaux, préparation des aliments, soin aux jeunes enfants – étaient vues comme des tâches domestiques de peu d'importance, presque accessoires, et n'avaient suscité que peu de travaux, sans doute parce que les premiers préhistoriens vivaient dans ce XIXe siècle où les femmes étaient considérées comme des mineures, dont les activités étaient restreintes au champ domestique, et n'étaient guère valorisées socialement.

L'enquête menée par Éric et Thomas les a conduits sur des chantiers de fouille et dans des laboratoires en France, en Allemagne, en Europe centrale, au Proche-Orient et aux États-Unis. Il n'est pas dans mon propos de dévoiler ici le détail de cette investigation minutieuse et les résultats qu'elle a permis d'obtenir. Les pages qui suivent les révéleront au lecteur. Il est ainsi convié à découvrir le portrait qui a pu être dressé de cette femme ayant vécu durant la période appelée le Paléolithique supérieur (entre – 40 000 et – 10 000 ans). Il apprendra ce que l'on peut dire aujourd'hui de son véritable rôle et de son implication dans les tâches quotidiennes, dans la quête des ressources alimentaires, de ses talents dans les domaines de l'artisanat et de l'art. Il trouvera enfin des réponses à des questions concernant son habileté à concilier son rôle de mère avec celui de membre à part entière de la communauté.

Une fois les pièces du puzzle assemblées, le lecteur constatera, peut-être avec quelque étonnement, que les rôles des unes et des autres n'étaient pas si tranchés et que c'est la coopération entre tous les membres du groupe, indépendamment de leur sexe et de leur âge, qui a permis leur survie. C'est grâce à eux, et en particulier grâce à Lady Sapiens, que nous avons survécu et que nous sommes ce que nous sommes aujourd'hui.

Sophie A. de Beaune,

professeure à l'université Jean-Moulin-Lyon III et chercheuse
dans le laboratoire Archéologies et Sciences de l'Antiquité,
équipe Archéologie environnementale,
conseillère scientifique de *Lady Sapiens*

Chapitre 1

*

Lady Sapiens ressurgit du passé

Le 11 juillet 2019, à 16h30, une statuette préhistorique surgit des sables de Picardie. On y découvre une silhouette de femme, haute de 6 cm. Il s'agit d'une première en France depuis plus de soixante ans. La Vénus de Renancourt – c'est ainsi qu'elle est baptisée – apparaît en pleine lumière et évoque dans un écho lointain toutes les femmes de la Préhistoire. L'émotion est vive parmi les membres de la communauté scientifique ; le grand public lui-même mesure l'ampleur de la découverte. Catherine Schwab, conservatrice du patrimoine au Musée d'archéologie nationale de Saint-Germain-en-Laye, s'émerveille de l'attraction que l'objet exerce, magnétique : « Ces images nous parlent, nous émeuvent, nous interpellent. C'est fascinant de voir que ces objets n'ont pas perdu de leur pouvoir depuis autant de millénaires. »

Cette découverte a de quoi intriguer… Qui étaient les femmes de la Préhistoire ? Ressemblaient-elles vraiment à cette statuette ? Quels étaient leur rôle, leurs activités, leur statut au sein des tribus ? Étaient-elles de simples génitrices ou de grandes figures mythiques de la fertilité ? Des membres subalternes du groupe ou de véritables pourvoyeuses de nourriture essentielles à la survie de leurs congénères ? Ont-elles pu être cheffes, prêtresses, déesses ? Autant de questions qui incitent à percer les mystères de la féminité préhistorique. L'exceptionnelle découverte de la Vénus de Renancourt nous invite à partir à la rencontre de Lady Sapiens et de toutes ses consœurs de chair et de sang disparues de nos mémoires.

Renancourt : un petit Pompéi paléolithique

L'enquête débute dans la ville d'Amiens, trésor patrimonial blotti au creux de la Somme, suspendu entre le Moyen Âge et l'époque moderne. C'est ici que Jacques Boucher de Perthes posa les bases des premières recherches en Préhistoire au XIXe siècle. Depuis, le fil n'a jamais été rompu, et les archéologues ont continué de creuser les sillons de cette terre fertile en découvertes. La Vénus de Renancourt nous projette en effet aux alentours de 27 000 ans avant le présent, une datation rendue possible par les investigations des chercheurs de l'Institut national de recherches archéologiques préventives (INRAP).

En 2014, il était urgent d'engager des fouilles sur le site de Renancourt, car des travaux d'aménagement urbain risquaient de l'effacer à jamais. D'où le recours aux archéologues de l'INRAP, lesquels interviennent avant même que les chantiers de construction ne démarrent. C'est lors de ces prospections que Clément Paris, jeune chercheur, a fait la découverte la plus extraordinaire de sa carrière.

Petit Pompéi paléolithique, le campement du site de Renancourt est idéal pour étudier la vie de nos ancêtres. Ici, les objets ont très peu bougé depuis leur abandon. Sur le sol miraculeusement intact, les activités quotidiennes se dévoilent au fur et à mesure que les chercheurs exhument les vestiges. Clément Paris ne cache pas son enthousiasme lorsqu'il constate que les conditions sont réunies pour faire des découvertes d'exception :

> *On met peu à peu au jour les vestiges qui ont été abandonnés par les préhistoriques lors de leur départ. Le sol d'occupation a été rapidement recouvert par les limons apportés par le vent. Ce recouvrement rapide a permis une fossilisation parfaite de ce sol.*

C'est ainsi que le paysage glaciaire s'esquisse sous chaque coup de pinceau de l'archéologue. Le site de Renancourt a été occupé par des chasseurs-cueilleurs[1] préhistoriques : ces nomades se déplaçaient selon un rythme saisonnier afin de suivre les grands troupeaux de chevaux, de cerfs ou de rennes. Ils chassaient, pêchaient, ramassaient des coquillages et cueillaient des plantes pour se nourrir et se soigner. Les

---

1. Dans ce livre, nous parlerons également de « chasseur-collecteur ». Contrairement au terme « cueilleur » qui n'évoque que le ramassage des végétaux, celui de « collecteur » permet également d'exprimer le ramassage des coquillages et crustacés.

humains de Renancourt ont vécu à une période qu'on appelle le Gravettien, entre 28 000 et 22 000 ans avant le présent en Europe, entre la façade atlantique et la Russie occidentale.

À Renancourt, un de ces groupes humains a implanté un campement dans une vallée sèche sur un flanc de colline, face à une falaise de craie beige. Position hautement stratégique, cette combe forme à certains endroits des goulots d'étranglement qui permettent aux chasseurs de piéger leurs proies. La chasse s'effectuait à l'aide de longs fûts de bois armés en leur extrémité d'une puissante pointe en pierre ou en os, formant des sagaies. Celles-ci étaient lancées directement à la main ou à l'aide d'une baguette allongée prolongeant le bras du chasseur et terminée par un crochet, ce qui permettait de décupler la vitesse et la force de pénétration du lancer par un mouvement souple du poignet. Ces instruments, appelés des propulseurs, étaient délicatement ornés de motifs figuratifs. Les humains associaient ainsi l'art de la chasse à l'art tout court.

Les nombreux os de cheval retrouvés sur le site de Renancourt plaident d'ailleurs en faveur de l'hypothèse de chasses fructueuses à cet endroit. Pour savoir à quoi ressemblaient les chevaux préhistoriques dont les humains se repaissaient, il faut se tourner vers les représentations de la grotte ariégeoise de Niaux, qui ressemblent étonnamment aux superbes chevaux de Przewalski, petits équidés qui vivent aujourd'hui dans les steppes de Mongolie. Trapus, avec une tête imposante sur une encolure courte, ils présentent un pelage globalement terre de Sienne qui se dégrade vers un beige sable et se termine par des touches de noir sur toutes les extrémités (pattes, queue, museau). Bien évidemment, d'autres robes existaient déjà au Paléolithique supérieur. Des généticiens britanniques ont ainsi mis en valeur que la robe pommelée, c'est-à-dire parsemée de petits pois plus foncés sur fond gris, venait déjà égayer les croupes de certains équidés. Cette particularité de robe a d'ailleurs été représentée sur les parois de la grotte du Pech Merle (Lot), où des artistes ont apposé leurs mains.

Le campement de Renancourt n'était pas seulement parfait pour chasser le cheval, il l'était également pour s'approvisionner facilement en matières premières. Le silex et la craie, utiles à la création de nombreux outils, abondent près du campement. Idéal pour créer des outils tranchants, le silex permettait de couper la viande et de travailler les peaux utilisées pour créer des vêtements, mais on s'en servait aussi pour façonner des objets moins essentiels à la survie. Dans cet écrin temporel, des trésors inattendus ont été découverts, témoignant d'une culture raffinée.

Tout commence donc en juillet 2014, lorsque Clément Paris exhume avec son équipe les premiers blocs de craie. Il ne se doute pas encore qu'il vient de mettre au jour de véritables pépites archéologiques. La première de ces belles dénudées s'apprête en effet à se dévoiler…

C'était le troisième jour de la fouille… La première Vénus ressemblait à un amas de craie informe… On a décidé de prélever la motte de sédiment, et c'est pendant la fouille fine en laboratoire que cette statuette nous est apparue… C'est à ce jour la plus grande statuette du gisement : elle mesure 12 cm. On ne s'attendait pas à cette découverte !

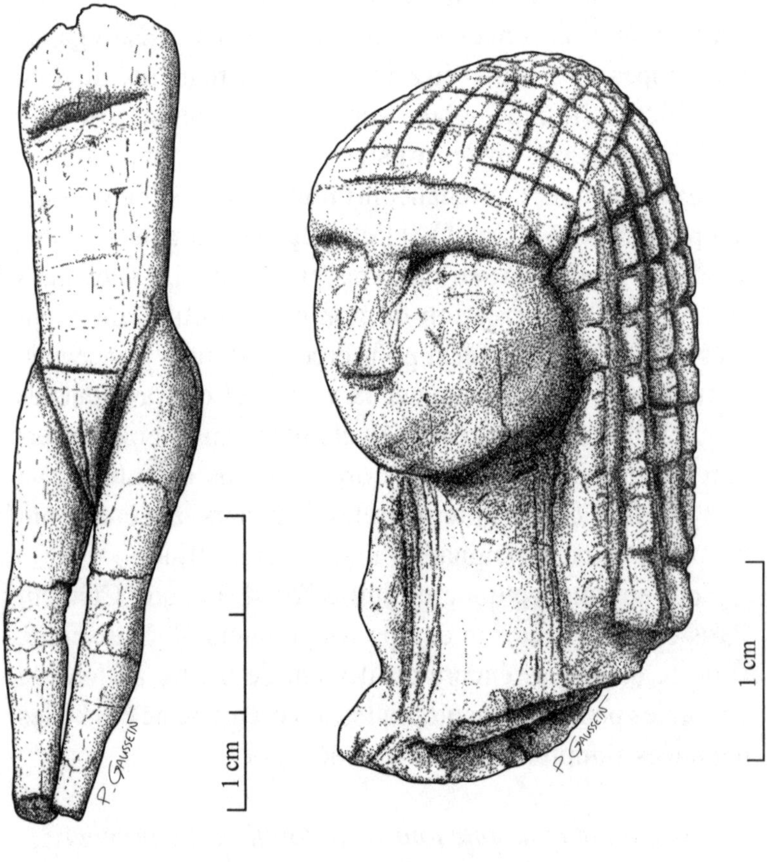

Vénus impudique (abri de Laugerie-Basse, Dordogne)
et Vénus de Brassempouy (grotte du Pape, Landes),
toutes deux sculptées en ivoire de mammouth.

La fabrique des Vénus

Un petit retour historique s'impose afin de mieux comprendre cette statuette que Clément Paris qualifie de « Vénus ». Ce terme a été choisi par les premiers préhistoriens de la fin du XIXe siècle pour désigner les représentations « antédiluviennes » de femmes peu vêtues. En cent cinquante ans de recherche, près d'une centaine de ces statuettes ont été retrouvées, des rivages de l'Atlantique jusqu'aux hautes montagnes de l'Oural. Malgré des disparités de style – sveltes, schématiques, obèses –, ces femmes sculptées dans la pierre, l'ivoire ou l'os possèdent des caractéristiques communes. Leurs attributs féminins – hanches, cuisses, poitrine, triangle vulvaire – sont nettement prononcés alors que leurs membres sont à peine esquissés. Les têtes, souvent sans bouche ni yeux et légèrement inclinées vers l'avant, sont un peu disproportionnées par rapport au corps, quand elles ne sont pas carrément absentes. Les statuettes mesurent 1,5 à 22,5 cm, avec une moyenne d'environ 10 cm. Leur usage demeure énigmatique. Certaines présentent des perforations qui suggèrent qu'elles étaient suspendues dans l'habitat ou peut-être en sautoir. D'autres, plus imposantes, ont été vues par certains comme des figurations grivoises ou au contraire des représentations de puissantes idoles. Le site de Renancourt peut-il fournir des indices permettant de mieux comprendre la symbolique de ces statuettes féminines ?

La découverte de l'atelier de fabrication de la Vénus de Renancourt est d'importance, car les ateliers d'artistes préhistoriques connus se comptent sur les doigts de la main… Nous pouvons mentionner les sites russes de Kostienki et d'Avdeevo, mais aussi celui de Dolní Věstonice, en République tchèque. La grotte du Pape, à Brassempouy (Landes), a également été interprétée comme un atelier à cause du grand nombre de statuettes retrouvées et du fait que deux d'entre elles s'emboîtaient dans le même bloc, ce qui tend à prouver qu'elles ont été façonnées sur place. Cependant, les fouilles menées dans les années 1890 étaient peu soignées, l'emplacement exact des vestiges n'était pas indiqué sur des plans, et les éventuels déchets de fabrication n'étaient pas conservés ni même perçus par les archéologues de l'époque, plus intéressés par les belles pièces. Or, ces petites esquilles rejetées par l'artiste ont été précieusement relevées et conservées à Renancourt.

Pendant cinq ans, Clément Paris et son équipe ont mis au jour une quinzaine de Vénus, plus ou moins abouties ou brisées. Toutes portent des marques de façonnage, de retouche… Mais le clou des découvertes survient en juillet 2019.

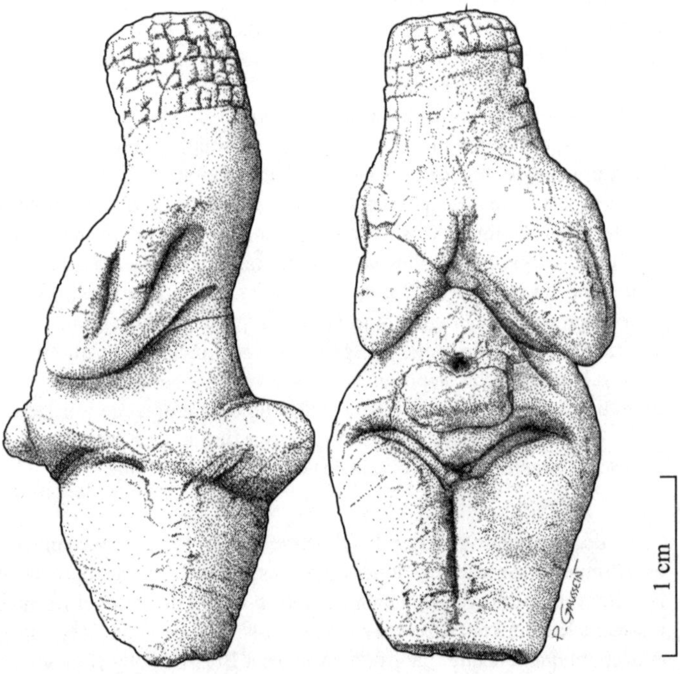

L'une des Vénus de Renancourt, sculptée dans la craie.

Remonte alors à la lumière celle qui va devenir l'icône du site : la Vénus de Renancourt, une statuette de 6 cm, finement taillée dans de la craie, avec des détails anatomiques, tels que seins proéminents et fesses rebondies, totalement conformes à l'esthétique des statuettes de cette période remontant à 27 000 ans.

Les Vénus de Renancourt présentent chacune une morphologie singulière. La plus célèbre d'entre elles est coiffée d'un petit bonnet quadrillé qu'elle semble avoir emprunté à la Vénus de Willendorf (Autriche) ou à celle de Brassempouy (France, voir page 22). La toute première statuette exhumée à Renancourt se dresse sur une croupe tellement généreuse qu'elle tient lieu de piédestal à la demoiselle, dont le haut du corps est chétif et élégant. Dans toutes les statuettes, « les attributs féminins ont été mis en avant par l'artiste. On y souligne des poitrines opulentes, des fesses exagérément projetées vers l'arrière », précise Clément Paris, accompagnant son propos d'un geste voluptueux de la main.

Pour compléter la série, des fragments isolés donnent à voir quelques parties de corps à jamais démantelés : ici un ventre rebondi au nombril bien visible, là un triangle vulvaire ostensiblement marqué entre deux cuisses généreuses… Le chanceux découvreur de ces vestiges inestimables souligne avec fierté l'ampleur de cette exhumation :

> *Les Vénus sont des objets emblématiques de la Préhistoire, mais elles étaient encore inconnues pour l'ensemble du nord-ouest de l'Europe, jusqu'à notre découverte… Et grâce à ce site exceptionnel, on a doublé le nombre de Vénus gravettiennes trouvées en France !*

Mais ce n'est pas tout. La présence de ces très nombreux fragments retrouvés dans un espace restreint permet d'avancer que Renancourt a sans aucun doute été un atelier d'artistes. Un témoignage rare.

Le premier élément qui nous a mis sur la piste d'un atelier de fabrication est le nombre de statuettes… Quinze fragments de Vénus, ça fait beaucoup ! La seconde série d'indices est la découverte de fragments de craie informes qui portent des traces d'outils. Ce sont des déchets de fabrication : ce qui est tombé du bloc pendant la création des Vénus. Enfin, on a réussi à déterminer que la craie provient des falaises à proximité immédiate du site…

À Amiens, les preuves sont donc solides pour étayer la thèse de l'atelier : plusieurs Vénus à l'état d'ébauche, et d'autres abandonnées à la suite d'une cassure accidentelle. Les archéologues ont également observé des traces d'outils à la surface de la craie tendre : la conservation de ces scories dénote un travail non terminé. Grâce aux méthodes d'analyse actuelles, les gestes et les outils employés par nos ancêtres pour faire naître les Vénus de Renancourt ne vont pas tarder à passer sous le microscope des experts pour nous révéler tous leurs secrets. Les photographies, quant à elles, ont déjà parlé. En appliquant savamment des filtres sur les clichés numériques, des traces de pigments rouges ont été détectées sur un fragment. « L'une des statuettes a été peinte avec de l'ocre au niveau du buste… La conservation est très belle sur cet exemplaire, même après 23 000 ans dans la terre ! », s'étonne Clément Paris, ravi d'une telle découverte.

La présence d'ocre sur les Vénus préhistoriques a été repérée sur d'autres statuettes, comme celles de Kostienki (Russie), Willendorf (Autriche), Dolní Věstonice (République tchèque) ou Laugerie-Basse, en Dordogne, là où a été découverte la toute première statuette, en 1884, baptisée la « Vénus impudique » (France, voir p. 22). La présence de ce colorant minéral peut avoir eu plusieurs fonctions. La première est bien évidemment d'apporter une touche de couleur sur des statuettes réalisées dans des matériaux unicolores. L'ocre a été largement employée à cet effet sur les parois des grottes préhistoriques : il est donc possible qu'elle ait également servi à créer des motifs sur les sculptures. Cependant, une autre fonction peut être envisagée… L'ocre est un matériau qui présente des propriétés abrasives : il peut donc permettre de lisser la surface d'un objet. Quoi qu'il en soit, la présence de ce colorant prouve bien que nous sommes face à des œuvres sur lesquelles une finition particulière a été appliquée.

D'autres éléments raffinés ont été exhumés sur le site. Si les artistes de l'époque représentaient plus volontiers les femmes dans leur plus simple appareil, Clément Paris a aussi découvert que les artistes de Renancourt ont su façonner des parures délicates : « On a eu la chance incroyable de mettre au jour des ornements ! Certains sont faits à base d'éléments fossiles, notamment des turritelles. »

Les turritelles sont de charmants coquillages fossilisés en forme de tire-bouchon, qui ont été soigneusement collectés afin, probablement, d'être cousus sur des vêtements. Clément Paris ne retient pas l'hypothèse de leur usage comme éléments de colliers ou de bracelets, car elles ne portent pas les marques d'usure ou de frottements caractéristiques. Le chercheur souligne que ces fossiles proviennent d'une carrière éloignée d'au moins 100 km au sud. Un tel investissement de temps pour les dénicher suggère que se parer faisait partie des préoccupations importantes de nos ancêtres. Ces fins ornements attestent irréfutablement la sophistication des parures de ces humains du passé. Leur boîte à bijoux était d'ailleurs garnie d'autres éléments décoratifs : à Renancourt, Clément Paris a découvert « des rondelles de craies ocrées fabriquées directement sur le site au même titre que les statuettes ».

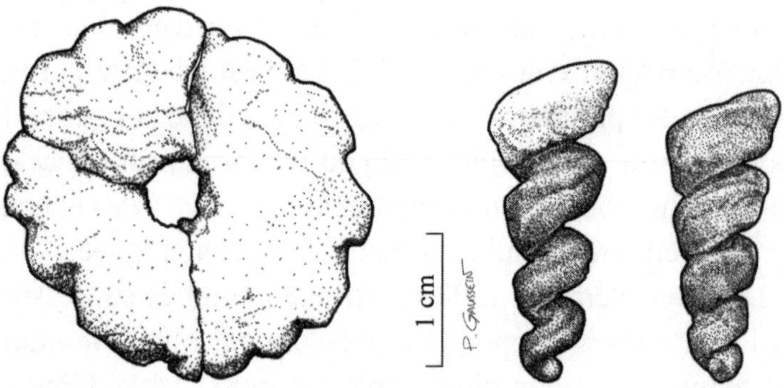

Ornement sculpté dans la craie et deux turritelles fossiles trouvés sur le site de Renancourt.

De 3 cm de diamètre, ces rondelles présentent une perforation centrale et sont décorées sur leur pourtour de petits crans qui les font ressembler à des marguerites. Certaines rondelles ont été brisées pendant leur fabrication, d'autres sont terminées, d'autres encore ont été retrouvées à l'état d'ébauche. Les vestiges de ces différentes étapes de fabrication montrent qu'ont séjourné à Renancourt des artistes polyvalents.

Les rondelles perforées sont bien connues au Paléolithique supérieur. Si certaines d'entre elles ont été interprétées comme des jouets optiques – suspendues à un fil, lorsqu'on les fait tournoyer, elles animent les figurations peintes ou gravées comme le chamois dansant du site de Laugerie-Basse –, il semble que les disques de Renancourt aient été cousus sur les vêtements des femmes, des hommes et des enfants. Leurs habits n'avaient rien à envier aux nôtres… Les Vénus de Kostienki en témoignent, avec leurs élégants colliers, leurs ceintures ou leurs imposants bracelets pour orner leur nudité.

Se libérer des clichés

La Préhistoire apparaît en tant que discipline autour de 1860 et les préhistoriens ont plaqué leur modèle de société et leur mode de vie sur ceux de la Préhistoire. Cela a provoqué une invisibilisation de la femme.

Il faut commencer par cette évidence, que nous rappelle Marylène Patou-Mathis, directrice de recherche au Centre national de la recherche scientifique (CNRS), pour comprendre comment se sont élaborés les clichés qui ont influencé notre vision de la société préhistorique. À la fin du XIXe siècle, les voluptueuses statuettes féminines ont fasciné les préhistoriens et orienté leur discours sur la féminité de ces temps anciens. Les premiers archéologues n'y ont vu que des figures de la déesse de la fertilité. En dehors de cette représentation supposément divine, la femme était tout bonnement absente du grand livre de la Préhistoire, ou reléguée à un rang subalterne.

En effet, à cette époque, la place de chacun est assignée de façon précise. De plus, la Bible pèse de tout son poids sur la vision de la femme et sur sa place dans la société. Réduite au rôle d'« éternelle mineure », la femme « pécheresse » est surveillée de sa naissance à sa mort, passant successivement sous la tutelle de son père, de son mari et de ses fils. Les savants qui ont découvert l'ancienneté de l'humain ont tout naturellement mis la figure masculine au centre de leurs hypothèses de travail. Après tout, n'était-ce pas comme cela que le monde fonctionnait depuis la nuit des temps ? C'est ce que semblent suggérer les premières sources écrites antiques et les grands mythes gréco-romains, qui ont tellement influencé la société des Lumières. Mais c'est sans compter sur les millénaires d'évolution qui ont précédé l'émergence de ces civilisations et qui répondaient peut-être à des constructions mentales et sociétales différentes des nôtres. Pour Marylène Patou-Mathis, cela ne fait aucun doute, « la domination masculine a été construite, elle n'est pas intrinsèque à l'humanité ».

Au XIXe siècle s'impose donc une vision de la société préhistorique adossée aux représentations dominantes du temps, comme le souligne Sophie A. de Beaune, professeure à l'université Jean-Moulin-Lyon III :

> *Il faut se replacer dans une société, au XIXe siècle, où la femme n'était pas très considérée. Elle était le*

plus souvent à la maison, c'étaient les hommes qui avaient un rôle économique et social important, et donc, tout naturellement, on a imaginé que c'était pareil au Paléolithique, que l'homme chasseur était celui qui avait fait avancer finalement l'humanité, et que c'est grâce à cette chasse, très prestigieuse, de grands mammifères que nous sommes arrivés où nous en sommes aujourd'hui. Et la femme est alors complètement oubliée... On n'en parle pas, ou bien, si l'on en parle, on imagine que c'était la gardienne du foyer et qu'elle s'occupait des enfants.

Les représentations muséales et ludiques ont diffusé les préjugés du moment et ont contribué à médiatiser ces idées réductrices. Citons pour mémoire un diorama représentant l'abri de Cro-Magnon conçu pour l'Exposition universelle de Paris de 1889 : trente-deux millions de visiteurs ont pu admirer le célèbre « Homme de Cro-Magnon » entouré de deux femmes ravissantes aux allures de mannequins et habillées d'une simple jupette, laissant leur poitrine offertes au regard de tous.

Les artistes pompiers, détenteurs du bon goût de l'art officiel, se sont également emparés avec délectation des clichés répandus par les chercheurs. En effet, à partir de 1880, la scène de vie préhistorique devient un genre à la mode. Les tableaux à l'huile de grande taille offrent alors une vision misérabiliste des communautés humaines du passé : des personnages simiesques, affublés de haillons, se blottissent les uns contre les autres et luttent pour leur survie. Dans ces scènes de vie quotidienne, la femme est représentée comme particulièrement craintive. Soumise à la protection masculine pour sa subsistance, elle regarde souvent son vaillant chasseur avec un regard suppliant ou admiratif. Elle est le plus souvent assaillie par une grappe d'enfants qui embarrassent ses mouvements et la cantonnent à la sphère domestique. Ainsi que le souligne Élisabeth Couturier, journaliste et critique d'art, « ces tableaux comme “La Chasse préhistorique” ou “Les Deux mères” de Léon Maxime Faivre ou “Dangereuse Rencontre” et “Rapt à l'âge de pierre” de Paul Jamin sont à destination des salons bourgeois. Les artistes veulent donc transmettre les valeurs de la bourgeoisie : la femme au foyer et la mère aimante. Lorsque l'on regarde ces œuvres, on en apprend bien plus sur les rapports homme-femme au XIXe siècle que sur ceux de la Préhistoire ! ».

Michèle Julien, directrice de recherche émérite au CNRS, enfonce le clou, rappelant combien cette vision est peu réaliste, au regard des connaissances scientifiques sur le sujet :

> *La réalité de la femme de la Préhistoire est forcément très loin du cliché qu'on avait d'elle au XIXe siècle ! Les recherches en anthropologie ont montré que, chez tous les chasseurs-cueilleurs actuels, les femmes ont de très nombreuses activités, qu'elles ne sont pas assises à côté du foyer à allaiter le bébé toute la journée, à attendre qu'on leur apporte de la nourriture !*

Mais le mal est déjà fait : les artistes académiques ont durablement marqué l'esprit du grand public. Ces images se sont imposées dans l'imaginaire des cinéastes jusqu'à forger les scénarios stéréotypés des films du XXe siècle. C'est à un long-métrage de Buster Keaton sorti en 1923, *Les Trois Âges*, que l'on doit l'ouverture du bal des clichés populaires sur la femme de la Préhistoire, bien que son auteur pose un regard ironique sur la mentalité des hommes de son temps. Keaton donne à voir une femme frêle, trop maquillée, habillée d'une simple peau de bête, qui se laisse traîner par les cheveux dans sa grotte comme du bétail ou un simple objet.

Dans les années 1950, la femme préhistorique devient blonde peroxydée, sensuel objet du désir, fort peu vêtue et régulièrement sexualisée. Le film *Un million d'années avant J.-C.*, de Don Chaffey, sorti en 1966, porte cette érotisation – incarnée par la sex-symbol Raquel Welch – à son paroxysme. Cette image lui demeurera attachée dans la culture populaire jusqu'à nos jours. Certes, les femmes sont désormais représentées comme plus actives et moins limitées au rôle maternel… Néanmoins, elles demeurent des personnages secondaires. L'intrigue est bien évidemment portée par un héros masculin, et les comédiennes sont choisies selon les critères de beauté du moment. Seul le film d'Alain Chabat, *RRRrrr !!!*, au début des années 2000, joue le décalage humoristique en mettant en scène une femme « virile », peu gracieuse et mentalement débile, au bras d'un homme maigrichon. Soulignant à dessein son parti pris quasi militant, le réalisateur met l'appréciation de la beauté relative de la dame au centre du discours. À chacune de ses apparitions, son époux s'exclame : « Vous connaissez ma femme ? Elle est belle, hein ? » Avec cette géante inutile et complètement muette, Chabat nous sert une femme de la Préhistoire au sommet de sa caricature.

On peut se demander si la culture populaire est restée bloquée sur une image de la féminité préhistorique aujourd'hui réfutée par les acteurs de la recherche. D'autant que les questions de genre durant la Préhistoire ne sont abordées que depuis quelques décennies. Les recherches du XXe siècle sont en effet encore largement émaillées des préjugés du siècle précédent. Le colloque international sur les chasseurs-cueilleurs intitulé « Man the Hunter » [l'homme chasseur], qui s'est tenu en 1965 à l'université de Chicago, a donné le ton des trois décennies de recherche suivantes. Par son titre trahissant un point de vue très masculin, cette rencontre a condamné au silence les femmes de la Préhistoire, et la chasse a été d'emblée considérée comme un élément central pour expliquer l'évolution humaine. Le sujet de la femme, à force d'être délaissé, est devenu invisible, voire indicible. Ce n'est que plus tard que l'hypothèse de « femmes cueilleuses » a été proposée pour corriger l'omission des femmes et de leurs activités dans les reconstitutions. « Les anthropologues féministes américaines des années 1970 ont engagé un tournant dans l'histoire de la recherche concernant les femmes de la Préhistoire », nous apprend Marylène Patou-Mathis.

Aujourd'hui, de nombreuses études sont menées par des préhistoriens soucieux de redonner à la femme la place légitime qui lui est due dans l'histoire de l'humanité. Cependant, un travail de déconstruction attend toujours les scientifiques afin de venir à bout des préjugés des universitaires eux-mêmes.

Depuis les années 1970, chercheurs et chercheuses ont donc ouvert un débat utile sur la place des femmes dans les activités quotidiennes préhistoriques. Loin de l'image d'Épinal la dépeignant comme une créature passive, Lady Sapiens ne peut demeurer plus longtemps dissimulée derrière ces miroirs déformants de fête foraine… Il est temps de brosser un portrait objectif de la femme des temps paléolithiques. Plus personne ne semble vouloir s'opposer à l'idée que les femmes ont largement contribué à l'évolution de notre espèce. Rappelons d'ailleurs que l'emblématique site de Cro-Magnon, dans la vallée de la Vézère (Dordogne) – qui a fait naître l'expression les «*hommes* de Cro-Magnon» pour désigner la forme d'humanité dont nous sommes les héritiers – abritait le squelette d'une femme ! Par ailleurs, les découvertes archéologiques des dernières années nous conduisent de plus en plus à revenir sur nos propres constructions mentales. Il est donc urgent de convoquer les recherches du XXIe siècle et d'envisager un tête-à-tête avec une Lady Sapiens plus vraisemblable. Pour cela, les scientifiques ont dû se réinventer et échanger leurs savoirs dans un souci de pluridisciplinarité, afin de mieux saisir la femme de la Préhistoire. Parmi ces outils, l'ethnoarchéologie occupe une place de choix.

L'ETHNOARCHÉOLOGIE À LA RESCOUSSE DES PRÉHISTORIENS

Afin d'offrir un nouveau regard, les scientifiques des cinquante dernières années ont élaboré de nouvelles méthodes d'investigation pour mieux comprendre le passé. L'une d'entre elles est l'ethnoarchéologie. Elle permet d'avancer des hypothèses intéressantes, comme le souligne Sophie A. de Beaune :

> *L'ethnologie, c'est-à-dire l'étude des peuples de chasseurs-cueilleurs actuels, peut être sollicitée pour mieux comprendre les modes de vie des populations du Paléolithique. [...] L'ethnologie permet d'étendre le champ des possibles, tant les solutions apportées pour s'adapter à l'environnement sont variées. Elle permet aussi d'écarter certaines hypothèses farfelues, jamais observées dans aucune population actuelle ou ayant existé.*

Alors que nous vivons dans une société de plus en plus mondialisée, où les spécificités régionales s'effacent, les connaissances acquises sur les modes de vie des populations de chasseurs-cueilleurs ouvrent d'autres perspectives aux préhistoriens. L'incroyable diversité des cultures du passé et du présent propose de nouveaux horizons interprétatifs. Michèle Coquet, directrice de recherche au CNRS et anthropologue spécialiste des productions esthétiques des populations de cultivateurs d'Afrique occidentale, souligne cette richesse culturelle : « Sept cent mille chasseurs-cueilleurs en Amazonie, répartis dans deux cents groupes différents avec chacun leur langue, leurs traditions, leur cosmogonie, leur système de parenté... Ça donne la mesure de la diversité possible des populations chez les préhistoriques ! »

Pour de nombreux préhistoriens, la force de l'ethnoarchéologie réside bien dans sa capacité à « décaler notre regard contemporain ». Claudine Karlin, ingénieure de recherche au CNRS à la retraite, a notamment pu le mesurer lors de ses séjours auprès de peuples nomades de Sibérie :

Lorsque l'on réfléchissait sur la boucherie préhistorique, nous avions tendance à caler nos réflexions sur nos valeurs occidentales : c'est une erreur ! En effet, un morceau de viande pourvu de plus de graisse que de muscle n'est pas un bas morceau pour ces populations vivant dans le froid, au contraire !

Malgré ses nombreux avantages, la pratique de la comparaison ethnographique doit être utilisée avec prudence. Michèle Coquet met en garde contre une assimilation des chasseurs-cueilleurs actuels à leurs homologues anciens : « Les chasseurs-cueilleurs contemporains sont rarement parfaitement isolés, ils entretiennent souvent des contacts avec des populations ayant des moyens techniques et de subsistance différents des leurs. Ils ne sont donc pas des "fossiles" vivants ! »

Une position que partage Sophie A. de Beaune : « Il n'est pas question de plaquer ces données ethnologiques sur les vestiges archéologiques, car ces peuples de chasseurs-cueilleurs d'aujourd'hui ne sont évidemment pas des hommes préhistoriques. »

Notre enquête ne nous conduira donc pas uniquement à explorer le passé, mais aussi à arpenter l'ailleurs. Depuis les sociétés lointaines vivant en harmonie avec leur milieu naturel jusqu'aux secrets de nos propres gènes, nous ferons un voyage au plus profond de notre humanité commune… afin de redonner aux femmes d'hier et d'aujourd'hui une place plus juste dans l'histoire de notre espèce.

Chapitre 2

*

Le vrai visage de Lady Sapiens

Au-delà des clichés hérités des siècles passés, il est désormais possible de brosser un portrait-robot précis de Lady Sapiens. En décryptant d'abord les vestiges archéologiques bien sûr, mais pas seulement… Les fossiles ont été l'un des tout premiers matériaux d'étude pour les archéologues, qui se sont parfois empressés de déterminer le sexe d'un individu sans avoir de preuve certaine… Ainsi de l'Homme de Menton, découvert en 1872 par Émile Rivière, et rebaptisé depuis la Dame du Cavillon. Nous y reviendrons. Pour mieux connaître les femmes de la Préhistoire, il faut d'abord pouvoir distinguer leurs squelettes de ceux des hommes. Mais comment déterminer le sexe des fossiles anciens ? Aujourd'hui, d'autres outils d'investigation permettent aux chercheurs de restituer son vrai visage et les formes de sa silhouette, notamment. Plusieurs solutions existent, et les méthodes se perfectionnent toujours un peu plus au gré des avancées scientifiques.

Le sexe des fossiles

Lire dans les os

Les ossements sont d'excellents indicateurs. Ils nous renseignent sur les populations du passé : la stature et l'allure de nos aïeux se dessinent, leur image devient plus familière, moins distante. Malheureusement, tous les os ne permettent pas de déterminer le sexe d'un individu, et les pionniers de l'archéologie préhistorique ne pouvaient pas établir de diagnostics réellement fiables en se fondant sur ces seuls indices…

Après des décennies pendant lesquelles le crâne était au centre des recherches sur l'âme et l'intelligence, c'est tout naturellement que les premiers archéologues du XIXe siècle se sont précipités sur les têtes osseuses pour tenter de comprendre et d'identifier nos ancêtres… Ces crânes ont été exploités pour défendre des idées évolutionnistes bien embarrassantes aujourd'hui. Les naturalistes de l'époque pensaient pouvoir lire dans la forme du crâne l'appartenance à une « race » plus ou moins évoluée. Le volume de la boîte crânienne, et par conséquent du cerveau, était également considéré comme un bon marqueur de l'intelligence. La taille du cerveau indiquait ainsi quels étaient les fossiles dignes d'être traités comme nos plus proches parents. Cette vision réductrice et « céphalocentrée » a fait une victime : Lady Sapiens. Elle affichait un cerveau plus petit que celui de ses homologues masculins, indice de sa faible intelligence. De quoi lancer une campagne de dévalorisation à son encontre. Le crâne a un volume proportionnel à la dimension du squelette, et il est donc logique que la capacité crânienne des femmes soit, en moyenne, inférieure à celle des hommes. Nous verrons plus loin que cela ne préjuge en rien de leur intelligence.

Ainsi, le volume de la boîte crânienne a souvent été utilisé pour distinguer les individus féminins au sein des sociétés préhistoriques étudiées. Les savants s'appuyaient également sur la robustesse de certaines insertions musculaires et sur l'épaisseur de l'os qui surmonte les orbites. Mais ces critères sont bien peu fiables lorsque l'on ignore les standards métriques de la population à laquelle appartient l'individu étudié. Or, le dimorphisme crânien, c'est-à-dire les différences de caractéristiques des crânes en fonction des sexes, est très mal connu pour le Paléolithique supérieur. D'autant que cette méthode a une fâcheuse tendance à faire disparaître artificiellement du paysage les femmes d'un certain âge. C'est ce que nous confie Sébastien Villotte, chercheur au CNRS rattaché au laboratoire bordelais PACEA[1] :

Il a été montré que les régions du crâne qui présentent un dimorphisme sexuel sont affectées par l'âge ; ces études laissent entendre que le crâne des femmes devient de plus en plus « masculin » à mesure qu'elles vieillissent. On connaît toutefois mal les mécanismes et l'ampleur de ce phénomène.

1. De la Préhistoire à l'actuel : culture, environnement et anthropologie.

Il nous fallait donc abandonner les études anciennes qui prétendent restituer le sexe des individus par la taille de leur menton !

Le bassin, un premier sésame

Les chercheurs de la fin du XXe siècle ont alors analysé l'os coxal, c'est-à-dire l'os du bassin. Il a longtemps été le seul allié des anthropologues désireux de connaître le sexe d'un défunt, parce que « certaines mesures du coxal permettent de déterminer le sexe de l'individu », comme nous l'apprend Sébastien Villotte.

Si l'os du bassin est privilégié pour l'identification sexuelle, c'est parce qu'il est le seul os du corps humain dont la morphologie soit liée à la possibilité ou non d'enfanter. La ceinture pelvienne de la femme doit en effet répondre à de nombreux besoins tandis que celle de l'homme peut se contenter d'être adaptée à deux fonctions : celles de la marche et du soutien viscéral. Le chercheur appuie sa démonstration en nous montrant deux bassins complets (voir figure p. 43) ; imperceptible au non-initié, la différence lui saute aux yeux : l'un, strictement affûté pour la marche, est haut et étroit ; l'autre, plus évasé, présente un espace circulaire en son centre pour faciliter le passage du bébé :

La femme subit deux contraintes contradictoires au niveau du bassin : celle de la locomotion et celle de la parturition d'un enfant dont la tête est imposante. Les proportions du bassin féminin sont très « contraintes » : on peut donc déterminer leur sexe de manière très précise... avec des taux de fiabilité supérieurs à 95/98 %.

Le problème est que l'os coxal est l'un des plus fragiles du squelette humain. Cet os plat est particulièrement fin, ce qui le rend friable au fil du temps. Il s'effrite souvent dans les mains lorsque l'on extrait le squelette de la sépulture. Pour résoudre ce problème, Sébastien Villotte préconise de « prendre des mesures au moment de la fouille, car ces os sont mieux préservés in situ ».

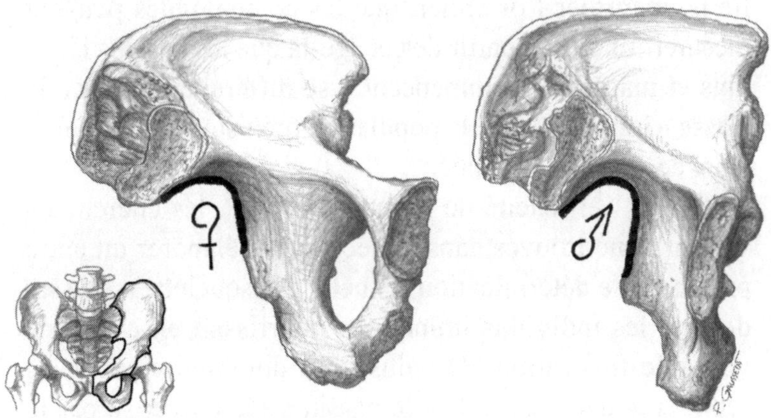

Coxal de femme (à gauche) et coxal d'homme (à droite).
On constate une différence au niveau de l'ouverture de l'angle.

Pour harmoniser les prises de mesure et leur interprétation, une méthode révolutionnaire a été créée par des anthropobiologistes bordelais dans les années 1990 : la méthode DSP (diagnose sexuelle probabiliste). Assortie de son logiciel, elle guide les archéologues dans leurs recherches sur le terrain et en laboratoire. Grâce à cet outil précieux que Sébastien Villotte utilise dans sa pratique quotidienne, « on n'est pas obligé d'avoir toutes les mesures pour déterminer le sexe. N'importe quelle combinaison de quatre mesures est suffisante ».

Cette technique ingénieuse ne présente qu'un inconvénient : celui de ne pouvoir analyser que les populations matures. Car si l'os coxal ne constitue qu'un seul élément à l'âge adulte, il est composé à l'origine de trois os reliés entre eux par du cartilage. Ce n'est que vers l'âge de quatorze ans, au moment de la puberté, que ce cartilage s'ossifie pour former l'os entier, que les archéologues peuvent mesurer. Et c'est à partir de cet âge-là que les bassins féminins et masculins commencent à se différencier. Toute la classe « immature » de la population préhistorique demeure ainsi de sexe indéterminé.

Malgré l'efficacité de la méthode DSP, les chercheurs se sont donc trouvés dans la nécessité d'élaborer un autre protocole de détermination sexuelle des squelettes. Laisser de côté les individus immatures nourrissait en effet une véritable frustration ! De plus, trop nombreuses sont les sépultures dans lesquelles le bassin a été pulvérisé par le poids des sédiments... Sans compter que les fouilleurs des premiers temps ont déterré plusieurs sépultures d'une importance capitale mais n'en ont conservé que les crânes ! Les réserves des musées regorgent donc de crânes préhistoriques muets que l'on aimerait désormais faire parler.

Tendre l'oreille pour percer l'identité de nos ancêtres

Une équipe de recherche franco-africaine s'est à nouveau penchée sur la tête de nos ancêtres pour trouver d'autres indices de dimorphisme sexuel. Devant son logiciel 3D, dans son laboratoire de l'université Toulouse III-Paul-Sabatier, le professeur José Braga, directeur de ces travaux, a défini une méthode qui s'apprête à révolutionner l'approche de la détermination sexuelle des squelettes anciens :

> *Nous travaillons avec un outil qui s'appelle la microtomographie. Cela permet d'avoir une image en trois dimensions et en coupes d'un objet archéologique scanné. En élaborant cette reconstitution numérique d'une partie du crâne, nous pouvons créer un moulage à partir du négatif des organes qui étaient présents dans l'os avant de se décomposer. C'est comme ça que nous pouvons obtenir des images 3D précises d'un organe de l'oreille interne qui s'appelle la cochlée.*

La cochlée est en effet riche d'informations. Ce petit organe d'à peine plus de 1 cm, en forme d'escargot, se trouve caché dans l'oreille interne. José Braga et ses collègues ont, au début de leurs travaux, observé des différences dans les torsions de la spirale cochléaire. Soucieux de connaître l'origine de ces conformations différentes, ils ont modélisé quatre-vingt-quatorze os à l'aide de scanneurs sur des patients vivants, français et sud-africains, dont l'âge et le sexe étaient donc connus. Les conclusions ne se sont pas fait attendre : « Ces différences sont liées au sexe et non pas à l'origine géographique. »

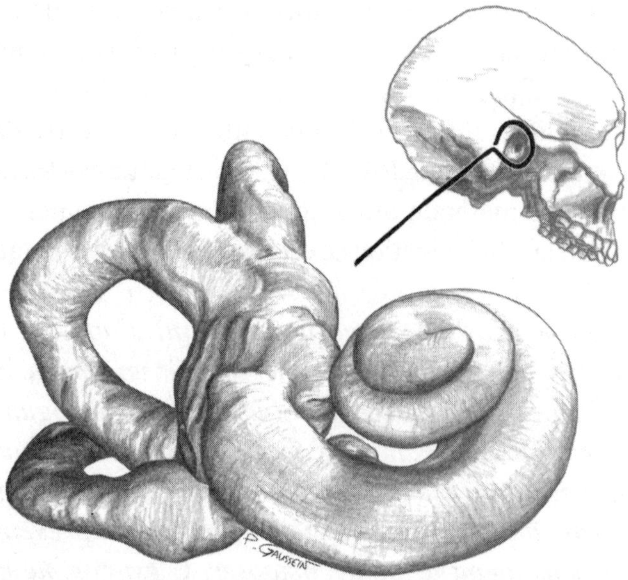

La cochlée : un organe de l'oreille interne mesurant à peine plus de 1 cm, qui permet de connaître le sexe d'un individu par analyse morphologique.

Pour le spécialiste, ce n'est pas tout à fait une surprise :

Nous espérions trouver une variabilité morphologique dans l'oreille interne, car nous savions déjà qu'il y a des différences dans la perception des hautes fréquences au sein de notre espèce. Lorsque l'on procède à des mesures physiologiques sur la précision avec laquelle on entend ces hautes fréquences, on constate que les femmes ont une meilleure sensibilité, un meilleur pouvoir discriminant de ces sons par rapport aux hommes.

Les perspectives archéologiques sont immenses, puisque – contrairement aux méthodes impliquant l'ensemble du crâne – il n'est pas utile de connaître la morphologie de la population de référence pour poser une diagnose sexuelle sur un squelette. Forts de cette bonne nouvelle, les chercheurs ont voulu aller plus loin et vérifier que la morphologie de cet os n'évoluait pas avec l'âge de l'individu, contrairement aux os du bassin :

Nous avons étudié les cochlées de vingt-deux squelettes juvéniles du Musée d'anatomie de Strasbourg dont le sexe était connu. Nous avons alors réalisé qu'il était possible de déterminer le sexe d'individus non matures à partir de la forme de cet os.

Cette nouvelle méthode permet donc au chercheur de déterminer le sexe de l'individu même lorsque celui-ci n'a pas atteint l'âge adulte. De plus, la boîte crânienne étant la partie du squelette qui se conserve le mieux, les chances de retrouver la cochlée sont excellentes. Le taux de fiabilité demeure très impressionnant, avec un diagnostic qui se montre exact sur 95 % des nouveau-nés testés. Une petite révolution dans le monde de la Préhistoire, qui permettra, à terme, de discuter du sexe des enfants. « Contrairement aux analyses ADN, notre méthode n'est pas destructive ! » se réjouit José Braga, heureux d'avoir mis au point un protocole fiable, peu onéreux, et qui présente aussi des avantages en matière de conservation du patrimoine.

En effet, éviter les prélèvements de matière sur un squelette préhistorique est capital lorsque les fossiles étudiés sont anciens et uniques… Mais les analyses ADN régulièrement mises à contribution s'avèrent tout de même les plus sûres pour étudier les populations préhistoriques et déterminer le sexe des individus.

L'ADN parle aussi

L'analyse de l'ADN permet en effet d'identifier le sexe des individus de manière certaine. Professeure en paléogénétique, ethnobiologiste rattachée au Muséum national d'histoire naturelle et autrice de *L'Odyssée des gènes*, Évelyne Heyer s'enthousiasme des informations que ces brins d'ADN apportent :

> *La différence entre les hommes et les femmes est facilement visible dans l'ADN car ils ne présentent pas les mêmes chromosomes. Seul l'homme est porteur d'un chromosome Y. De plus, on peut sexer les squelettes avec très peu d'ADN !*

Ce matériel génétique est donc une denrée précieuse, mais malheureusement fragile et rare. En effet, « l'ADN se dégrade beaucoup dans certains contextes – dans les zones tropicales, par exemple –, et ce, même pour les périodes récentes. Et après cinquante ou cent mille ans, il est très abîmé, et on a du mal à en tirer quoi que ce soit». Ces problèmes de conservation empêchent d'avoir recours à ces analyses de manière systématique.

La contamination des éléments génétiques de nos ancêtres par contact avec l'ADN moderne des archéologues constitue également un obstacle de taille. Il existe désormais des techniques permettant de trier l'ADN ancien de son homologue moderne, comme la filtration, qui supprime toute pollution. Mais ce tri prend du temps et est coûteux. Ce coût explique que la diagnose sexuelle à partir de l'analyse de l'ADN tarde à se généraliser dans les unités de recherche.

Ces nombreuses méthodes sans cesse améliorées ont permis aux chercheurs de rassembler Lady Sapiens et ses congénères dans le gynécée des laboratoires pour un examen plus poussé. L'ambition est désormais de croiser au maximum les données pour obtenir une vision plus précise du corps de ces femmes des origines… Pour tout connaître de leur morphologie, de leur physionomie, de la couleur de leur peau, de leurs cheveux et jusqu'à la teinte de leurs yeux, les spécialistes ne manquent pas de persévérance. Ils parviennent aujourd'hui à dévoiler le véritable visage de ces femmes du Paléolithique comme jamais personne avant eux.

De la chair sur les os

Les corps ne mentent jamais...

Carences alimentaires, utilisation prolongée de certains muscles, grossesses : les différentes facettes de la vie d'une femme sont inscrites dans ses os. Nos os se modèlent et se remodèlent continuellement pour s'adapter à nos mouvements et nos besoins. Pour reconstituer l'état de santé des populations du passé, les archéologues sont donc allés au chevet de ces patientes plurimillénaires. Les analyses des ossements tirés des fouilles archéologiques sont riches d'enseignements et indiquent en premier lieu que l'activité physique était intense pour l'ensemble de la population des temps paléolithiques. Sébastien Villotte livre une première observation importante pour s'en faire une idée :

> *Ce qu'on constate pour le Paléolithique supérieur – et en règle générale pour toutes les populations préhistoriques –, c'est une robustesse très importante des membres supérieurs gauche et droit, que ce soit pour les hommes ou pour les femmes.*

Lady Sapiens était donc une sportive accomplie. Cela n'a rien d'étonnant puisqu'elle n'avait pas un mode de vie sédentaire comparable à celui de nos sociétés. Elle devait passer du temps à différentes activités physiques, en particulier pour procurer de la nourriture au groupe. La force et l'endurance de ces femmes devaient être élevées et leur corps sculpté en conséquence. Il faut se les représenter musclées et arborant peu de surplus de masse graisseuse, le gibier étant une viande maigre, contrairement à la viande grasse des animaux d'élevage qui sera consommée à partir du Néolithique.

Une image bien éloignée de celle des opulentes Vénus sculptées dans la pierre ou l'ivoire à l'instar de celles de Renancourt. Ce détail interroge alors sur la capacité de ces œuvres d'art à nous éclairer sur le physique des femmes de la Préhistoire. Les statuettes peuvent-elles réellement servir de portrait-robot ? À en croire les chercheurs interrogés, c'est une grave erreur de voir dans ces figurines le reflet des silhouettes féminines de l'époque. Leurs formes très généreuses ont particulièrement suscité l'étonnement des spécialistes.

L'énigme des femmes fortes

Les gens qui avaient un mode de vie de chasseurs-cueilleurs ne pouvaient pas avoir ce type de morphologie ! Je pense qu'il pourrait s'agir d'une évocation des besoins ou de l'envie d'avoir des réserves de gras pour donner naissance puis pour allaiter.

Le professeur Nicholas Conard, de l'université de Tübingen, voit la projection d'un idéal plutôt que des portraits fidèles dans les Vénus aux rondeurs prononcées. Leurs bourrelets de graisse hypertrophiés sur les hanches, les fesses et le ventre sont en effet peu compatibles avec leur mode de vie actif !

Un point de vue partagé par Catherine Schwab, du Musée d'archéologie nationale de Saint-Germain-en-Laye, qui évoque les populations de chasseurs-cueilleurs, pour lesquelles la valorisation artistique des femmes rondes est souvent rattachée à un discours symbolique :

> *Dans de nombreuses civilisations passées, une femme aux formes très rondes était une femme qui se nourrissait, ce qui signifiait une certaine aisance. On peut imaginer retrouver ce type de critères chez des populations préhistoriques... Les Vénus représentent une forme d'opulence. Même s'il est difficile d'imaginer des femmes préhistoriques de ce gabarit !*

C'est d'ailleurs le cas dans des populations actuelles d'éleveurs nomades, comme chez les Touaregs du Niger, où l'obésité féminine est synonyme de prospérité. Mais ces femmes corpulentes étaient-elles aussi rares que notre représentation de la femme en perpétuel mouvement nous invite à l'imaginer ? N'oublions pas que notre connaissance de la physiologie des humains de la Préhistoire est très lacunaire. De ces corps de chair et de sang, nous ne connaissons que quelques squelettes, rarement parvenus jusqu'à nous dans leur intégralité. Il est donc possible que certaines contemporaines de Lady Sapiens aient eu une propension à stocker la graisse.

Il a également été suggéré que ces silhouettes étaient celles de femmes se trouvant dans un état hormonal particulier, qu'il aurait pu s'agir de parturientes ou de femmes allaitant. Quoi qu'il en soit, « il est improbable que les humains de l'époque n'aient jamais vu de femmes imposantes, parce que la distribution des paquets graisseux est très respectueuse de la réalité anatomique moderne en cas de surpoids», fait remarquer le professeur Erik Trinkaus, de l'université du Wisconsin à Madison.

Pour expliquer que certaines femmes aient développé une adiposité malgré la vie active qu'elles devaient mener, le chercheur américain émet l'hypothèse d'une obésité qui se développe au moment de la grossesse. On peut également évoquer une réaction au stress physiologique provoqué par les déplacements saisonniers. Ce stress a pu être compensé par un stockage de «kilos en trop» lors de certains épisodes de leur vie. Il n'est pas impossible que les périodes de sédentarité aient été un moment où les corps se remplumaient pour tenir le coup lors des périodes de disette ou d'effort intense. Toutefois, atteindre un stade d'obésité aurait été contre-productif lorsqu'il était temps de reprendre la route vers le prochain camp saisonnier. Les femmes les plus rondes auraient été ralenties, voire handicapées par leur surpoids.

Était-il seulement possible pour ces femmes d'acquérir facilement un tel embonpoint, au vu de leurs repas quotidiens? Les os et les dents peuvent nous aider à répondre à cette question: on peut y lire les effets d'une carence alimentaire, notamment sur les extrémités des os longs et sur l'émail dentaire. Or, l'observation attentive des squelettes préhistoriques a permis de conclure que la malnutrition n'était pas chose courante au Paléolithique. Mais rien ne prouve qu'elles mangeaient plus que nécessaire.

Il est donc bien difficile de se faire une image précise et universelle de l'aspect des femmes préhistoriques.

Il faut accepter de voir la Préhistoire comme un territoire de contrastes biologiques et sociétaux. Ce qui était la norme pour une population donnée pouvait très bien être l'exception pour un autre groupe, implanté quelques centaines de kilomètres plus loin. Le portrait-robot de Lady Sapiens est ainsi à reconstruire chaque fois que nous posons les yeux sur une nouvelle population ancienne. Les Vénus aux formes généreuses sont toutefois loin de représenter le modèle dominant.

Le métissage en héritage

La physionomie des populations préhistoriques est l'aboutissement de nombreux métissages. Les paléoanthropologues – qui étudient les humains fossiles du point de vue biologique – et les paléogénéticiens – spécialistes de leur ADN – esquissent un arbre généalogique complexe. *Homo sapiens*, né en Afrique, s'est métissé avec plusieurs espèces cousines.

Évelyne Heyer raconte comment, il y a au moins 50 000 ans, *Homo sapiens* a hérité de gènes néandertaliens : « Notre espèce se mélange avec Neandertal au Moyen-Orient au moment de la sortie d'Afrique… Tous les humains qui se diffusent vers l'Europe et l'Eurasie emmènent dans leur génome un peu de celui des Néandertaliens : environ 2 %. »

Ces 2 % sont toujours présents dans notre ADN, et nous apportent leur lot d'avantages évolutifs. Le système immunitaire de notre cousin néandertalien a notamment contribué à renforcer le nôtre, ainsi que notre résistance au froid.

Lady Sapiens, qui vivait sur l'actuel territoire français il y a 28 000 à 22 000 ans, était porteuse de cet héritage génétique néandertalien.

Il y a fort à parier que nous ne connaissons pas encore tous les ancêtres qui nous ont légué un peu de leurs gènes. Les recherches dans ce domaine permettent de mesurer le potentiel des découvertes à venir. Depuis la fin des années 2000, les chercheurs ont d'ailleurs ajouté une nouvelle photo dans l'album de famille du genre *Homo* : celle de l'humain de Denisova, découvert dans l'Altaï, en Sibérie. Lady Sapiens était-elle également porteuse de l'héritage génétique de ce parent oriental ? Aucun fossile ne nous permet de l'affirmer. Toujours est-il qu'aujourd'hui ce signal génétique apparaît à hauteur de 6 % chez les Papous de Nouvelle-Guinée et les Aborigènes d'Australie.

Les secrets de la couleur de peau

Les premiers Homo sapiens *qui arrivent en Europe il y a 45 000 ans sont noirs de peau, et les populations d'Europe de l'Ouest conservent cette couleur foncée longtemps. Il faut attendre le Néolithique – 6 000 avant J.-C. pour voir un éclaircissement des couleurs de peau chez les populations européennes.*

Ce que nous révèle Évelyne Heyer a de quoi surprendre, quand on a l'habitude des reconstitutions de femmes préhistoriques présentées dans les musées et dans les livres de vulgarisation, qui n'ont que rarement la peau foncée.

On sait depuis peu que la dépigmentation a en effet évolué à un rythme plus lent que celui des migrations sur le territoire européen. Pour la spécialiste, cette découverte est inattendue : « Nous pensions que les humains s'étaient plus rapidement adaptés à un climat où l'ensoleillement est plus faible qu'en Afrique… Avoir une couleur de peau plus claire permet en effet de mieux assimiler la vitamine D sous ces latitudes. »

Le régime alimentaire du paléolithique, basé notamment sur de la viande, de la moelle osseuse, de la graisse animale et du poisson, contribuait naturellement aux apports en vitamine D et a donc retardé la dépigmentation. Tout s'accélère au Néolithique avec l'apparition de l'agriculture : les céréales étant moins riches de cette vitamine, la peau va se dépigmenter pour en améliorer la synthèse.

Il faut donc se représenter Lady Sapiens comme une beauté métisse encore largement africaine : cheveux noirs et crépus, peau sombre. Mais un détail singulier surgit aux alentours de 40 000 ans avant notre ère et va se diffuser jusqu'au seuil de l'époque néolithique :

> *Il y a 10 000 ans, en Europe de l'Ouest, tous les Européens qu'on a pu étudier sont noirs de peau avec les yeux bleus.*

Là encore, la surprise est au rendez-vous, et Évelyne Heyer avoue « ne pas bien comprendre l'avantage des yeux bleus en termes de sélection naturelle ».

La présence des yeux bleus est donc probablement le fruit d'une sélection sexuelle. Puisque aucun avantage physiologique ne s'y rattache, on peut supposer que les partenaires aux yeux bleus aient été plus attirants pour avoir eu une descendance plus nombreuse que les autres.

En fermant les yeux, nous pouvons dorénavant visualiser plus intimement et plus précisément l'apparence de notre héroïne des temps préhistoriques. Grande, musclée, métisse à la peau foncée et aux yeux clairs… Mais quelle pouvait être sa place au sein des tribus ? Comment savoir quelles étaient ses activités quotidiennes ? La science en marche avance des réponses toujours plus surprenantes qui bousculent les certitudes…

Chapitre 3

*

Exister, plaire, séduire…

En rupture totale avec l'image extravagante d'êtres sauvages, hirsutes, sales, au regard ahuri, les populations préhistoriques ont en réalité fait preuve d'un grand raffinement, tant dans leur art que dans leur ornementation personnelle. Au Paléolithique supérieur, le corps des femmes – mais aussi celui des hommes – a donc très vite été sublimé par la réalisation d'objets spécifiques : vêtements élégants, bijoux et peintures corporelles. Les vêtements présentent de nombreux avantages : ils ont d'abord une dimension fonctionnelle de protection contre les agressions de l'environnement – notamment le froid – mais constituent également un moyen d'expression culturelle. Précisons d'ailleurs que toutes ces créations ont précédé l'invention de l'aiguille à chas, laquelle contribuera à rendre plus hermétiques les vêtements et à produire des ornementations toujours plus délicates. Est-ce à dire que nos ancêtres auraient très tôt privilégié l'esthétisme au fonctionnel ?

Comme en témoigne l'ethnologie, les parures d'un individu marquent son appartenance à un groupe humain particulier. L'ornementation est donc susceptible d'en dire long sur sa place à l'intérieur du groupe : ceux jugés « importants » par leurs semblables ont souvent bénéficié de vêtements fastueusement ornés. Mais ce n'est pas tout. Les ethnologues ont même pu observer chez les peuples premiers des formes de parade amoureuse s'exprimant au travers de l'ornement : des échanges de véritables correspondances privées pouvaient en effet s'effectuer à travers le don de bijoux particuliers. Marian Vanhaeren, directrice de recherche au CNRS, évoque ainsi « les jeunes femmes zoulous qui font des plastrons de perles aux hommes qu'elles voudraient épouser et font passer des messages par le truchement des couleurs et des motifs utilisés ».

Et ce sont parfois les hommes qui se fardent et dansent devant les femmes pour les séduire, comme chez les Peuls d'Afrique occidentale. S'il semble bien difficile pour les préhistoriens de retrouver les symboles cachés dans les ornements personnels vieux de plusieurs milliers d'années, les chercheurs peuvent néanmoins tirer de nombreuses conclusions de l'observation des bijoux. Première constatation : les humains de la Préhistoire avaient un goût très marqué pour les parures rares et délicates… De quoi contredire la vision des peintres académiques du XIXe siècle qui représentaient nos aïeux comme des bêtes ébouriffées, couverts de peaux déchirées sans aucun signe de confection.

DES PARURES SOMPTUEUSES

Les bijoux semblent avoir joué un rôle non négligeable dans l'ornementation des silhouettes préhistoriques. La diversité des parures donne le vertige : on a retrouvé des alignements de coquillages à porter sur diverses parties du corps, des bagues, des bracelets en ivoire de mammouth et même de possibles boucles d'oreilles. C'est tout du moins ce que suggère une dent d'ours fendue en deux qui a été découverte tout près de l'oreille d'un squelette à Baousso da Torre II. Ce site fait partie du célèbre complexe des grottes des Baousse Rousse, en Italie, qui comprend également les grottes de Barma Grande, de Grimaldi et du Cavillon. Dans une sépulture de la Barma Grande, des rangs de perles préhistoriques ont été retrouvés autour du cou du défunt... Certains de nos ancêtres ont aussi choisi de porter des bracelets, comme, on le suppose, dans la grotte de Grimaldi. On connaît enfin des exemples de bracelet de jambe ou de cheville : la Dame du Cavillon, enterrée il y a 24 000 ans dans la grotte éponyme, porte ainsi un rang de cyclopes autour du mollet. La « femme au renne », gravée sur un fragment de bois de cervidé retrouvé à Laugerie-Basse, arbore un bracelet de cheville.

Les perles préhistoriques sont incroyablement diverses. Profitant des formes façonnées par la nature, les humains ont ramassé des coquillages variés. Afin d'ajouter de nouvelles caractéristiques à ces pièces déjà originales, les joailliers des temps anciens ont modifié l'aspect des coquillages par différents procédés qui permettaient de changer la couleur des parures de manière temporaire (ajout de pigments) ou définitive (exposition au feu afin de noircir les éléments).

Certaines pièces naturelles utilisées pour créer des parures sont parfois venues à manquer… Les craches de cerf, par exemple, ne peuvent être récoltées à foison. En effet, ces animaux vivent dans des bois et des forêts typiques des climats tempérés. Or, pendant le Paléolithique supérieur, en Europe, les températures froides favorisent l'expansion de toundras ou de steppes comportant très peu d'arbres. Dans le même temps, les craches de cerf demeurent très recherchées. Ces deux canines supérieures, avec leur forme particulière, globulaire et asymétrique, ont eu beaucoup de succès depuis le Paléolithique supérieur jusqu'au Néolithique. Leur surface était parfois décorée de gravures géométriques : croix, chevrons ou simples séries de stries espacées de manière régulière. Les craches de cerf étaient si prisées qu'elles étaient parfois imitées dans des matériaux de substitution. De même, de fausses incisives de cheval ont été confectionnées dans de l'os ou de l'ivoire, créant ainsi les premières contrefaçons de l'histoire. Ce détail a son importance, car il souligne que, déjà à l'époque, la rareté de certains biens pouvait pousser les artisans à en fabriquer des imitations. Il est plutôt saisissant de se dire que des femmes ayant vécu il y a 15 000 ans ont peut-être été obligées de s'enquérir de l'authenticité de leur collier de perles.

Des pendentifs imposants, ayant probablement vocation à être portés seuls ou en position centrale sur une composition, ont également été créés. Les artisans ont gravé des motifs géométriques sur des disques de pierre, comme sur le site de Mitoc-Malu Galben (Roumanie). Ils ont également sculpté des éléments en trois dimensions – au style presque cubiste –, comme ce fut le cas pour la célèbre spatule de la grotte de Brînzeni (Moldavie). Ces doigts d'orfèvre ont également élaboré des pendentifs de forme figurative. Les élégants mammouths en ivoire de la grotte de Vogelherd (Jura souabe, Allemagne) et la désormais iconique Vénus de Hohle Fels (Allemagne) sont là pour en témoigner.

Si les femmes et les hommes du temps jadis ont utilisé des objets exotiques, venant d'un territoire très éloigné de leur lieu de vie, pour la confection de leurs parures – le collier de la Dame de Saint-Germain-la-Rivière, découverte en Gironde, est réalisé en craches de cerf provenant d'Espagne –, ils ont aussi exploité des éléments auxquels ils avaient facilement accès. Ainsi, les habitants de l'Italie préhistorique profitaient de la présence de la Méditerranée toute proche pour intégrer des oursins et des vertèbres de poisson dans la composition de leurs parures.

Les formes de leurs créations ne se limitaient cependant pas à l'exploitation de ressources autochtones. Les différentes populations ont développé des goûts régionaux pour certaines matières premières qui ne semblent pas forcément liés à leur facilité d'accès. On note ainsi des tendances qui varient selon les lieux de séjour : les canines de loup et de renard ont du succès dans l'est de l'Europe – où les coquillages de formes allongées sont aussi recherchés – et les craches de cerf sont préférées dans le sud-ouest de la France, où l'on apprécie les coquillages globuleux.

Dans leurs recherches de formes et de textures délicates, nos ancêtres ont également été les premiers plumassiers de l'histoire de la mode, et les plumes revêtaient très probablement une importance particulière, pour les hommes comme pour les femmes. La coiffe de la Dame du Cavillon présente ainsi un vide au-dessus du front, que les archéologues interprètent comme la trace d'utilisation d'un matériau périssable, comme des plumes ou du cuir tressé. L'aigle royal et le cygne ont aussi été mis à contribution, sans que nous puissions savoir si leurs plumes étaient brodées sur les vêtements, ajoutées dans les coiffures ou fixées aux bijoux.

La variété des parures et le soin porté au choix des matériaux indiquent sans conteste que les peuples du Paléolithique conjuguaient à la fois pragmatisme, créativité, souci du beau et, sans aucun doute, homme comme femme, envie de plaire à l'autre.

Sublimer l'épiderme

La parure pouvait également être éphémère et apparaître à fleur de peau. Francesco d'Errico, directeur de recherche au CNRS, s'est consacré à l'analyse d'un minéral iconique de la Préhistoire : l'ocre. Cet élément colorant donne des nuances vibrantes allant du pourpre profond au jaune solaire. Son emploi s'enracine profondément dans le temps :

Les plus anciennes traces d'usage d'ocre en Afrique datent d'il y a 300 000 ans ! Mais, au Paléolithique supérieur, cette utilisation semble se complexifier. Elle atteint plusieurs types d'objectifs... Sur les parois des grottes, elle rentre dans la production artistique, mais elle joue aussi un rôle dans la vie quotidienne des individus.

Car si l'ocre est omniprésente, c'est en effet parce qu'elle est multifonctionnelle. L'ocre est très recherchée pour ses propriétés abrasives : elle intervient alors dans la préparation des peaux animales pour tanner le cuir – les propriétés antiseptiques de l'ocre protègent ce matériau contre le pourrissement et facilitent l'enlèvement des matières organiques résiduelles et petits vaisseaux –, mais aussi dans la finition d'œuvres d'art comme la Vénus de Renancourt. L'ocre a également une fonction prophylactique dans le soin des épidermes humains : elle protège du soleil et des piqûres d'insecte... C'est donc très naturellement, rappelle Francesco d'Errico, qu'elle intervient dans la toilette quotidienne de certaines populations. Ainsi, « les femmes himbas (Botswana actuel) sont couvertes d'ocre car l'utilisation de l'eau est taboue. Les femmes se lavent en mélangeant de l'ocre à de la graisse ».

L'ocre a aussi pu être utilisée en quantité restreinte pour des applications de précision. Francesco d'Errico a analysé les marques microscopiques présentes sur des petits bâtonnets d'ocre rouge de la grotte éthiopienne du Porc-Épic et pense avoir repéré les preuves d'un usage très spécifique :

Nous avons trouvé des bâtonnets avec plusieurs facettes abrasées sur des meules différentes. Certaines ont donné quelques milligrammes de poudre ! Les préhistoriques ont donc produit des petites quantités d'ocre, ce qui paraît plus compatible avec une utilisation symbolique... Comme tracer un trait sur le visage par exemple !

Il est ainsi fort probable que des peintures corporelles aient été réalisées à même la peau. Cet usage de l'ocre n'est pas anodin, puisque son acquisition et sa préparation impliquent de grands efforts pour l'ensemble du groupe. Laure Dayet, chercheuse associée au laboratoire Traces[1] à l'université de Toulouse-Jean-Jaurès, évoque cette matière colorante si spéciale... Ces minéraux sont scrutés à la loupe pour comprendre leurs propriétés. Pour ce faire, il est désormais possible de « déterminer la composition atomique des ocres par la microscopie électronique ».

La détermination de leur composition est importante, car tous les gisements géologiques présentent des propriétés chimiques propres... En recoupant l'analyse des objets archéologiques avec celle des échantillons géologiques récoltés de nos jours, les spécialistes peuvent localiser les endroits où les humains préhistoriques se sont fournis en matières premières. Celles-ci étaient d'ailleurs choisies avec un grand soin, poursuit la scientifique :

Au Paléolithique supérieur, la sélection des roches pour fabriquer des pigments était très précise. Les

1. Travaux et recherches archéologiques sur les cultures, les espaces et les sociétés.

roches sont choisies pour leur granulométrie très fine, plus facile à broyer. Les préhistoriques optaient aussi pour des oxydes de fer presque purs. Ils ne sélectionnaient pas forcément des matières premières à proximité de leur lieu de vie, mais pouvaient aussi rechercher des matériaux à plus de 50 km de leur camp de base… C'est-à-dire à plus d'une journée de marche.

Afin de s'approvisionner, les groupes ont donc dû envoyer certains de leurs membres en expédition. Ils ont également pu construire un réseau d'échanges longue distance avec d'autres groupes pour acquérir des matériaux exotiques. Quelle que soit la solution envisagée, cette acquisition était nécessairement un investissement coûteux pour tous, une action qui demandait organisation et savoir-faire.

Car il a fallu tâtonner pendant des décennies et transmettre les savoirs afin de maîtriser la composition de couleurs. En effet, il ne suffit pas d'écraser une pierre riche en hématite pour obtenir de quoi se peindre le corps ou créer des œuvres d'art. La conception des colorants est une prouesse technique qui suppose de savoir mélanger plusieurs minéraux, précise Laure Dayet :

Les produits colorants contiennent parfois plusieurs roches différentes. Pour teinter une surface, il faut à la fois le pouvoir colorant, lié à la couleur, et le pouvoir couvrant du minéral, mais aussi un liant. Si nos ancêtres désiraient adjoindre de la brillance à la préparation, ils pouvaient également ajouter du mica, du graphite, etc.

Il est difficile de savoir si les femmes tenaient un rôle important dans cette production de matériaux colorants. Chez les Himbas du nord de la Namibie, ce sont elles qui les collectent… Mais pour la Préhistoire, il n'existe aucun indice archéologique qui permette d'avancer un modèle exclusif quant au sexe des individus chargés de cette activité.

Francesco d'Errico est convaincu de la richesse symbolique de ce matériau grâce à des années de recherche sur ces énigmatiques poudres :

> *Expérimentalement, on se rend compte que chaque ocre peut avoir une fonction. L'ocre pour faire des peintures ne sera pas la même que celle utilisée pour tanner des peaux ou celle appliquée sur le corps. Les variétés de couleur vont aussi avoir des significations. Le corps se transforme en symbole, tout comme avec les objets de parure.*

L'usage de types d'ocre différents peut relever d'un statut particulier (chasseur émérite, chef spirituel, herboriste, etc.), d'un rite de passage (celui de l'enfance à l'âge adulte, l'union de deux personnes, un rite funéraire…) ou de fêtes saisonnières.

L'épiderme est en effet une toile vierge que les artistes de tous les âges ont voulu sublimer de plusieurs façons. Si le plus ancien tatouage conservé est toujours celui d'Ötzi – la célèbre momie des glaces vieille de 5 300 ans retrouvée au Tyrol –, les femmes et les hommes du Paléolithique possédaient déjà tous les outils et le potentiel artistique pour être des tatoueurs hors pair. Des pointes en roche volcanique, comme celles qui étaient utilisées en Mélanésie il y a plus de 4 000 ans, ont pu permettre de faire pénétrer le pigment sous la peau. En l'absence d'encre – hormis l'utilisation possible d'encre de seiche –, l'usage du noir de fumée a créé des motifs pérennes sous la peau. Certaines marques géométriques incisées sur des sculptures ont été interprétées comme des scarifications. Celles-ci étaient déjà praticables au Paléolithique, même si aucune trace matérielle ne le prouve, en l'absence d'une momie plus ancienne qu'Ötzi. Une telle découverte est loin d'être impossible, car la fonte des glaciers révèle de plus en plus de vestiges organiques préhistoriques préservés par le gel.

Orné de couleurs, et peut-être aussi de tatouages et de scarifications, l'épiderme devait être entretenu. La peau est en effet l'organe le plus étendu du corps humain, lien précieux et sensible entre soi et le monde extérieur. Véritable barrière contre les agressions de la nature, elle est également un vecteur de communication entre les éléments et les êtres. La peau est un intermédiaire nécessaire pour synthétiser la précieuse vitamine D qui renforce notre squelette, mais aussi la matrice qui lie les amants, et, plus tard, la mère et son enfant. Il est donc fort probable que la peau, ainsi d'ailleurs que les cheveux et les barbes, a fait l'objet de soins particuliers. Baumes hydratants et autres masques nourrissants ont potentiellement été utilisés, mais, de cette pharmacopée ancienne à vocation esthétique, aucune trace archéologique n'a été retrouvée pour le moment, au contraire d'autres remèdes curatifs à base de plantes dont il sera question plus loin.

Afin de protéger cette peau glabre et fragile, nos ancêtres ont inventé des objets incroyables : les vêtements. Si nous trouvons leur présence parfaitement banale dans nos penderies, leur arrivée dans nos vies a constitué une véritable révolution pour l'humanité.

La révolution du vêtement… et de l'aiguille !

La création des premiers vêtements est bien antérieure à l'invention de l'aiguille à chas, en Chine et en Sibérie il y a 40 000 ans. En effet, pour coudre bord à bord des textiles ou des peaux tannées, de très fins poinçons en os suffisent. Comme l'explique Francesco d'Errico, « les plus anciens outils pour faire des perforations dans la peau se trouvent en Afrique à partir de 80 000 ans à 70 000 ans. C'est le cas avec les poinçons très fins et durcis à la chaleur retrouvés sur le site de Blombos en Afrique du Sud ».

Mais de quels moyens dispose l'archéologue pour dater l'apparition des premiers vêtements ? Rappelons que le genre *Homo* a perdu ses poils depuis un million d'années. Sous le soleil d'Afrique, notre ancêtre d'alors, *Homo erectus*, a commencé à se distinguer par sa qualité de marcheur et son endurance. Et c'est la transpiration, système de thermorégulation activé par les glandes sudoripares, qui a contribué à la perte de nos poils abondants. Pendant des milliers d'années, nos plus lointains aïeux ont donc probablement vécu tout nus. La question qui taraude les scientifiques est de savoir à partir de quand ils se sont couvert le corps avec des peaux d'animaux ou des couvertures végétales, en zone tempérée. Contre toute attente, la réponse se niche dans l'évolution d'un parasite de la peau pour le moins impopulaire, ainsi que Francesco d'Errico nous le raconte :

> *La génétique des poux nous informe sur les premiers habits. Nous avons deux types de poux : ceux de la tête et ceux du corps. Une récente étude génétique menée par des chercheurs allemands a daté cette différenciation à partir de 120 000 ans. C'est à partir de cette époque qu'il y a eu [...] continuité entre les cheveux où résident les poux et le reste du corps à cause des fourrures portées. Les poux ont pu continuer à vivre en dehors de la tête !*

Ces deux parasites du corps humain ont ensuite évolué chacun de son côté, donnant naissance aux poux de tête et aux morpions…

Nos ancêtres ont donc commencé à se vêtir il y a au moins 120 000 ans. Toutefois, les premiers vêtements ne devaient pas être particulièrement seyants. C'est l'invention de l'aiguille qui a permis de créer des habits plus ajustés. Ce tournant stylistique dans la garde-robe de nos aïeux n'est pas une simple coquetterie, mais une adaptation au rude climat glaciaire. En effet, la superposition de vêtements fins est nécessaire à une bonne isolation du froid. L'innovation de l'aiguille à chas constitue une étape importante dans l'amélioration du confort de vie des préhistoriques. Appliquant un savoir-faire minutieux, l'artisan choisissait d'abord le bon matériau – un bois de renne longiligne ou un os long –, il y creusait deux rainures parallèles qui, en se rejoignant, lui permettaient d'extraire une fine baguette. Il lui suffisait ensuite de la racler, de la polir sur une matière abrasive et de la perforer pour en faire une aiguille à chas.

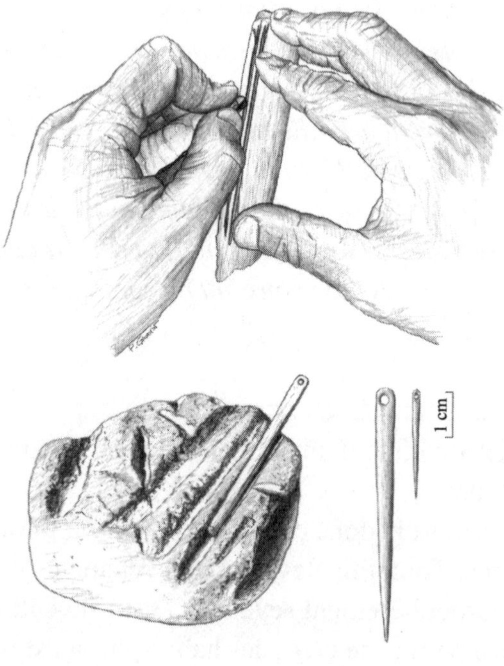

Extraction d'une matrice d'aiguille à chas dans un os grâce à la technique du rainurage (en haut).
Abrasion à l'aide d'une pierre pour arrondir la section de la baguette.
Deux exemples d'aiguilles achevées (en bas).

Les aiguilles ne sont d'ailleurs pas seulement de simples outils, mais parfois de véritables petites œuvres d'art. Comme l'observe Francesco d'Errico, « certaines aiguilles sont ornées, et leurs décors sont remplis d'ocre. Cela n'a rien de fonctionnel : les couturiers préhistoriques ont juste fait preuve de créativité ».

De l'outil de couture aux vêtements eux-mêmes, les préhistoriques ont conjugué esthétisme et efficacité jusque dans le choix des matières employées.

Des peaux animales épilées ou raclées, traitées par tannage, étaient utilisées pour les vêtements les plus chauds. Si l'on se réfère à l'ethnographie, chez les Indiens du Canada, avant l'arrivée des colons, la fourrure se portait côté corps tandis que le cuir à l'extérieur protégeait des intempéries. Les peaux étaient utilisées entières, sans découpe. Les pattes et la tête de l'animal devaient donc jouer un rôle esthétique important dans la confection du vêtement.

Le tannage, essentiel pour imperméabiliser le cuir et l'empêcher de moisir, pouvait s'effectuer avec divers matériaux, végétaux, minéraux ou organiques, comme la cervelle de cerf mélangée à de l'ocre, du manganèse ou de la craie, selon la teinte souhaitée. Différentes qualités de souplesse et teintes de cuir pouvaient donc être obtenues en fonction de la technique – ou combinaison de techniques – employée et de la peau choisie. L'art du costume était déjà bien délicat.

Pour répondre à des besoins spécifiques, il est fort possible que les peuples du Paléolithique aient développé ce qu'Élisabeth Azoulay, spécialiste de la beauté ancienne, a appelé une « prédation esthétique ». Les lièvres, les renards ou les écureuils ont été visés par cette chasse. Leur fourrure servait à renforcer l'étanchéité des vêtements au niveau des poignets et de la capuche, mais ajoutait également une valeur esthétique aux manteaux.

Dans certaines tribus de chasseurs-cueilleurs d'Amérique du Nord, avant l'arrivée des Européens, la fourrure indiquait le statut de la personne. Le lièvre était porté par les enfants, le renard par les jeunes femmes, tandis que les femmes âgées avaient l'apanage du lynx.

Pour les vêtements plus fins, des tissus confectionnés à base de végétaux tressés ou de toison animale étaient employés. Évidemment, ces matières n'ont pas survécu à des millénaires d'enfouissement dans les sols, mais une preuve inespérée a été recueillie sur le site archéologique de Dolní Věstonice, en République tchèque. Des fragments d'argile cuite portent l'empreinte de trames tressées. Selon le chercheur américain James Adovasio, spécialiste international de l'art périssable, « il pouvait s'agir de pièces de revêtement de sol, de vêtements, dans certains cas il s'agissait de filets pour la pêche ou de sacs qui avaient été produits pour l'usage des chasseurs-cueilleurs qui vivaient à Věstonice » (voir illustration page 186).

En durcissant près du foyer, l'argile a fossilisé l'image de ces ouvrages si éphémères.

Il est très probable que les formes des vêtements étaient particulièrement variées : dès que l'humain a été capable de façonner des aiguilles à coudre, un arsenal de patrons aussi esthétiques que pratiques a pu être inventé.

À quoi pouvaient donc ressembler ces vêtements des temps préhistoriques ? Il y a fort à parier que le bikini fièrement porté par les stars hollywoodiennes du film *Un million d'années avant J.-C.* n'était pas encore à la mode. En effet, le vêtement devait d'abord répondre à un impératif pratique : protéger les peaux délicates d'*Homo sapiens* des morsures d'un hiver glacial et d'un été guère plus clément. Certes, le vêtement n'est pas l'unique solution envisageable pour protéger la peau... Les Yamanas de la Terre de Feu (Argentine) préféraient s'enduire d'huile de phoque et restaient nus, y compris par des températures négatives. Cependant, il est raisonnable d'avancer que l'usage du vêtement était la solution la plus courante à travers le monde. Ces habits préhistoriques ont été mis à rude épreuve par les températures de l'époque. À titre d'exemple, il y a 12 000 ans, dans la région de Neuchâtel, elles s'échelonnaient entre 9 °C en été et – 25 °C en hiver. Ces variations importantes ont dû entraîner un aménagement saisonnier de la garde-robe de Lady Sapiens. Pour créer ces collections, constate Francesco d'Errico, les préhistoriques ont eu besoin d'une trousse de couture efficace, avec des aiguilles adaptées aux différentes activités et aux différents matériaux :

> *À partir de 40 000 ans, les aiguilles se différencient de plus en plus. Au début, on ne rencontre que des aiguilles de grande taille, et vers la fin du Paléolithique supérieur, on trouve des aiguilles de tailles très différentes. Cela reflète une complexification graduelle des activités autour du vêtement.*

L'art paléolithique indique que les pièces d'habillement composant la tenue de Lady Sapiens et de ses congénères étaient variées. Sur certaines plaquettes gravées, on distingue des silhouettes humaines portant des sortes d'anoraks à capuche. Ce type de vêtements a également été mis en valeur sur certaines statuettes, dont quarante Vénus sibériennes.

Dans les années 1950, sur les bords du lac Baïkal, des archéologues ont exhumé des petites figurines en ivoire de mammouth hautes de 4 à 13 cm. Ces Vénus des sites de Buret' (voir illustration ci-contre) et de Mal'ta datent de la fin du Paléolithique (21 000-17 000 ans avant le présent). Certaines semblent nues au premier regard, mais des analyses microscopiques menées par les docteurs Lyudmila Lbova et Pavel Volkov, de l'Académie des sciences de Russie, suggèrent la présence de sillons pouvant figurer des vêtements, des colliers et même des besaces portées... Sur d'autres figurines, la représentation du vêtement est bien visible, et les encoches profondément taillées ne laissent aucun doute : les artistes ont souhaité représenter un vêtement épais, peut-être en fourrure, mis en forme par l'assemblage de différentes bandes horizontales, ce que suggèrent les nombreux sillons qui parcourent leurs corps. C'est donc tout naturellement que les illustrateurs ont proposé des reconstitutions présentant des femmes vêtues de fourrure, cédant peut-être au fantasme très occidental de la « Vénus à la fourrure », diffusé par la prose de Leopold von Sacher-Masoch en 1870. En réalité, ces statuettes évoquent davantage les patrons traditionnellement utilisés par les Inuits et les natifs américains lors de la confection de leurs parkas. On peut aussi envisager qu'il s'agisse de représentations de sur-vêtements, des pièces portées par-dessus un costume en cuir et en fourrure en guise de coupe-vent ou d'imperméable. Pour ce type de vêtements, on utilise alors des matériaux beaucoup plus fins, comme la sous-muqueuse extraite des membranes internes animales (boyaux, vessie, œsophage). Ces vêtements constituent des petites merveilles d'ergonomie. Ils sont à la fois légers et chauds, et disposent d'une aération naturelle. Cette efficacité ne peut s'obtenir qu'au prix de grands efforts : le processus de fabrication de la matière première dure à lui seul trois mois. Très pratiques pour éviter de souffrir du froid et de l'humidité, ces vêtements prennent une dimension sacrée chez certaines populations subarctiques, qui estiment que la force vitale de l'animal y est concentrée. Les chamanes s'en couvrent afin d'entrer en communication avec le monde des esprits.

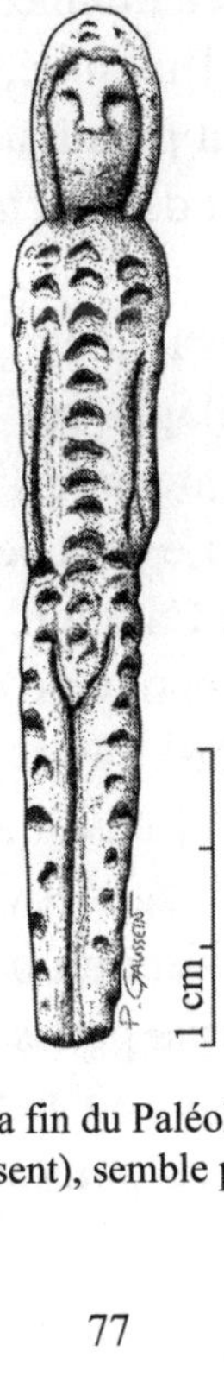

La Vénus de Buret', datant de la fin du Paléolithique
(21 000-17 000 ans avant le présent), semble porter un anorak à capuche.

Les vêtements ne manquaient pas de porter des finitions tout aussi utiles qu'esthétiques, car Lady Sapiens devait avoir le souci de plaire, aux autres et à elle-même. Les boutons, ces précieux alliés pour fermer efficacement manteaux et capes, étaient déjà connus. Les sites archéologiques italiens de Barma Grande et Arene Candide (Ligurie) en ont fourni des exemplaires. Il est également possible que nos ancêtres aient utilisé des épingles : on a retrouvé des sortes de grandes aiguilles en ivoire qui ont pu servir à fermer les vêtements.

Les silhouettes retrouvées dans la grotte de la Marche nous apprennent aussi que des ceintures élaborées existaient. La ceinture est parfois même le seul habit présent sur le corps des beautés féminines dénudées, comme si cet élément, conservé dans l'intimité, était l'ultime vêtement à être quitté… Mais elle a pu aussi constituer un accessoire bien utile pour accrocher des ustensiles divers (besace, coutelet, etc.).

Des coiffes étaient également portées et ont été représentées par des quadrillages sur les têtes de nombreuses Vénus… Certains fragments de ces bonnets sont même parvenus jusqu'à nous. Le plus bel exemple provient de la sépulture de la Dame du Cavillon, morte il y a 24 000 ans et inhumée dans la grotte éponyme située sous la falaise des Baousse Rousse, en Italie.

La défunte est coiffée d'un ornement spectaculaire composé de deux cents coquillages et vingt-deux craches de cerf ocrées. Ces éléments étaient probablement enfilés dans un maillage fait d'un matériau périssable, aujourd'hui disparu (ficelle en fibre végétale ou tendon d'animal, lanières de cuir), mais dont nous pouvons deviner la présence.

Que représentaient ces différents accessoires au sein des sociétés préhistoriques ? Étaient-ils les indices du statut particulier de celles et ceux qui les portaient, ou répondaient-ils à un plaisir esthétique, à un besoin de séduction ? L'état des connaissances actuelles permet d'esquisser des réponses.

Premiers indices de prestige ?

Dans les sociétés traditionnelles, l'ornement est un élément important du langage visuel. Il permet d'exprimer de nombreux paramètres sociaux et économiques pour la personne qui le porte. Solange Rigaud, chargée de recherche au CNRS, insiste sur le caractère multidimensionnel de la parure au sein des groupes humains :

> *Dans les sociétés modernes observées en ethnologie, les parures servent à la fois à coder des informations sociales qui se rapportent à l'individu qui porte la parure et à coder de l'information concernant le groupe auquel appartient l'individu.*

Michèle Coquet ajoute que la parure est également liée aux modifications corporelles, lesquelles sont très signifiantes socialement :

> *On troue les oreilles, les lèvres : le corps est modifié pour intégrer la parure. Une autre fonction de*

la parure émerge alors, celle d'humaniser. Car les humains sont vus comme « venant d'ailleurs » : ils ne sont ni humanisés, ni socialisés de naissance, et la modification du corps pour intégrer la parure entre dans ce processus civilisationnel.

Faut-il imaginer que les préhistoriques modifiaient leur apparence pour parler d'eux-mêmes et de leur univers mental ? Toujours d'après Michèle Coquet, cela ne fait aucun doute : « Ces multiples fonctions de la parure et du vêtement – utilitaire, identitaire, sociale – sont présentes chez toutes les populations étudiées par l'ethnologie. »

En d'autres termes, un bijou porté indiquera non seulement à quel groupe l'individu appartient, mais également quelle est sa position au sein de ce même groupe. Différentes catégories de personnes apparaissent alors. Parmi elles, certaines peuvent être immuables (chef, prêtre ou chamane, par exemple), d'autres peuvent évoluer au fur et à mesure de la vie et de l'initiation des individus. Les femmes nubiles, en recherche d'un partenaire, les mères, les femmes en couple, les femmes ménopausées, disposent de tout un arsenal de parures pour afficher leur statut et leurs ambitions. Notons que les hommes et les enfants sont eux aussi parés et que la beauté n'est pas l'apanage des femmes ! Francesco d'Errico ne s'étonne nullement que « la parure touche aussi bien le monde masculin que féminin. Nous le savons grâce aux sépultures. Beaucoup d'hommes inhumés au Paléolithique supérieur portent des objets de parure ».

Le site russe de Sungir l'illustre parfaitement. À 200 km de l'actuelle Moscou, une cérémonie funéraire somptueuse a été célébrée il y a 27000 ans. Des millénaires plus tard, les archéologues ont découvert avec émotion la sépulture d'un homme et celle, double, située à moins de 5 m, de deux enfants dont le sexe n'a pu être déterminé. Ces individus importants ont été parés de riches atours pour leur dernier voyage : des pantalons de fourrure, des bottes épaisses et des sortes d'anoraks, le tout finement brodé de milliers de petites perles en ivoire de mammouth.

En 2012, sous la lumière du microscope, les perles ont livré une information capitale : le vêtement fastueux n'était pas qu'un costume funéraire, ni même un vêtement d'apparat porté uniquement lors de grandes occasions, à l'image de ces robes de mariée qui suivent les jeunes femmes dans l'au-delà mais qui n'ont été portées qu'une fois de leur vivant… Ces costumes-là portaient des perles usées, révélant une utilisation régulière du vêtement. Qu'un tel faste ait pu être mobilisé dans la vie de tous les jours est un émerveillement pour les amateurs de Préhistoire. Le fait que de tels vêtements aient été portés comme tenue quotidienne par certains membres du groupe exprime bien le raffinement de leurs goûts et de leur mode de vie. Bien sûr, les archéologues envisagent que ces individus aient joui d'un certain prestige. Il semble difficile d'imaginer M. et Mme Tout-le-Monde déployant tant de richesse dans l'habillement quotidien. Il est donc fort probable que ce costume ait été un marqueur hiérarchique.

Les hommes ne sont pas les seuls à avoir été placés dans des « tombes de prestige » : quelques dames inhumées avec des bijoux extraordinaires ont aussi été découvertes par les archéologues. Nous aurons l'occasion de nous pencher sur les sépultures de ces femmes d'exception dans un prochain chapitre.

Quoi qu'il en soit, toutes ces parures et ces vêtements évoquent des populations dont le bon goût et le sens du beau étaient très marqués, et où le désir de séduction devait déjà sans doute exister. Mais est-il aujourd'hui possible de savoir comment les hommes et les femmes du Paléolithique se rencontraient ? Comment percer les secrets de leur intimité, les liens charnels qui les unissaient pour donner la vie et assurer la pérennité du groupe ? Un champ d'investigation ténu pour les préhistoriens, dont certains commencent pourtant à apporter des réponses précises en s'appuyant à la fois sur les indices archéologiques et sur des observations ethnographiques.

Chapitre 4

*

Sensualité et sexualité

La sensualité et la sexualité humaines ne ressemblent à aucune autre. Les études éthologiques et anthropologiques soulignent bien notre originalité en la matière… Mais pourquoi donc le grand singe que nous sommes en est-il arrivé à se distinguer de ses cousins à ce point ? Il semble que notre spécificité soit tout d'abord à chercher du côté de notre ADN. Sur l'immense arbre phylogénétique des primates, nos ancêtres ont pris un chemin singulier, marqué par la séparation de notre lignée d'avec celle des orangs-outans il y a 20 millions d'années, celle des gorilles il y a 9 à 10 millions d'années et celle des chimpanzés et des bonobos il y a 6 à 8 millions d'années. Ce chemin est parsemé de modifications physiques et comportementales majeures qui font de nous les incroyables machines humaines que nous sommes devenus. Ces changements ont eu un impact significatif sur la manière dont les humains ont envisagé, puis organisé, leurs unions charnelles.

En effet, notre bipédie parfaite a entraîné une invisibilité des signes de l'œstrus, qui indiquent habituellement la période de rut chez les femelles des primates non humains et provoquent une réponse instinctive des mâles. Dans le genre *Homo*, il n'y a donc plus de marqueurs extérieurs stimulant la sexualité. L'acte sexuel se retrouve ainsi libéré des contraintes biologiques. Certes, des signes « secondaires » peuvent encore être perçus par les partenaires : changements de comportement, légère modification de l'acidité de la peau et donc de l'odeur, renflement de la poitrine ou de la bouche, etc. Il est fort possible que ces marqueurs aient été mieux repérés par nos ancêtres que par nous. Nous nous sommes coupés d'une partie de nos sens en nous entourant de produits de synthèse qui brouillent nos perceptions. Nous voilà bien incapables de nous reconnecter à notre intuition ancestrale[1].

La bipédie a provoqué une autre modification physique importante, qui a inspiré les sculpteurs et les poètes de tout temps. Dans son œuvre *Les Belles Endormies*, le Prix Nobel de littérature Yasunari Kawabata s'émerveille de cette curiosité anatomique :

---

1. Des expériences ponctuelles menées dans des clubs de strip-tease tendent à souligner que les femmes sont considérées comme plus attirantes lorsqu'elles sont en période d'ovulation. Tout du moins si l'on se fie à l'augmentation de leurs pourboires pendant cette courte période ! L'homme actuel conserverait donc une petite part d'intuition heureuse lorsqu'il s'agit de sélectionner une partenaire à féconder…

La beauté atteinte par les seins de la femme n'était-elle point la gloire la plus resplendissante de l'évolution de l'humanité ?

Grâce à notre station debout, les mamelles des sapiens se sont retrouvées exposées au regard de manière permanente. La poitrine des femmes du genre *Homo* a alors subi une lente évolution de sa morphologie. Les seins sont aujourd'hui composés d'une importante masse graisseuse qui rend la poitrine gonflée même lorsque la femme n'allaite pas. Cette particularité n'est connue chez aucun autre primate et présente peut-être un avantage évolutif… Le zoologue Desmond Morris suggère que la poitrine aurait pu avoir un pouvoir érotisant, venant s'ajouter à celui des fesses, déjà attractives pour nos ancêtres quadrupèdes… Il demeure cependant impossible de trouver une explication faisant consensus au cœur du monde universitaire à l'heure actuelle !

Toujours est-il que la femme s'est enveloppée d'un nouveau mystère en se dressant sur ses jambes. En devenant une insaisissable reproductrice, Lady Sapiens a contraint nos ancêtres à créer de nouveaux cadres sociaux et émotionnels destinés à réguler la sexualité. Puisque celle-ci n'est plus uniquement pulsionnelle, puisqu'elle ne répond plus à un calendrier imposé par les périodes de fécondité féminine, il a bien fallu s'armer de nouvelles stratégies socialement normées. En d'autres termes, en s'affranchissant du biologique, l'amour physique s'est retrouvé inextricablement lié au plaisir et à la représentation symbolique. Quels sont les moyens que nos ancêtres ont mis en place pour rendre leurs unions fructueuses ? Tout préhistoriques qu'ils étaient, nos lointains aïeux ont rivalisé d'ingéniosité en faisant entrer dans l'équation amoureuse de nouveaux comportements culturels.

L'union charnelle comme fait social

La sexualité devait revêtir une importance non négligeable dans le quotidien et la pensée de nos ancêtres. Une fertilité parfaitement exploitée permettait en effet d'agrandir le groupe, d'assurer son avenir en créant de nouvelles familles. L'épanouissement d'une nouvelle cellule familiale était une aventure dont Lady Sapiens était probablement la cheffe d'orchestre… Les chercheurs ignorent les subtilités d'organisation des familles préhistoriques, mais certaines règles peuvent tout de même être déduites de l'analyse génétique des populations anciennes. Évelyne Heyer souligne par exemple, à la lumière d'études génétiques, que l'inceste devait être proscrit, puisque l'on sait que « pendant la Préhistoire, les mariages entre apparentés proches sont une exception ».

Génétiquement parlant, les unions consanguines peuvent être néfastes à la santé de la progéniture, et il semble que les humains de la Préhistoire connaissaient les lois du sang, du moins intuitivement. Il est possible que cette constatation empirique ait entraîné l'établissement d'interdits auxquels nous nous soumettons toujours aujourd'hui. Voilà de quoi tordre le cou à une idée reçue bien ancrée selon laquelle nos ancêtres vivaient dans une désorganisation sociale menant à la débauche, laquelle conduit d'ailleurs souvent à l'agressivité entre groupes. Or, en règle générale, les sociétés de chasseurs-cueilleurs ont tout intérêt à maintenir un mode de vie pacifique, à l'intérieur comme à l'extérieur de leur groupe.

Pourtant, dans l'art académique du XIXe siècle, les peintres ont pris un malin plaisir à représenter l'homme préhistorique comme une bête incapable de contenir ses pulsions agressives. Dans leurs œuvres, il passait son temps entre chasse aux fauves et chasse aux femelles. Parmi les lieux communs les mieux exploités par les peintres pompiers, on trouve celui du rapt des femmes.

Le très célèbre tableau de Paul Jamin « Rapt à l'âge de pierre » illustre bien cette incapacité que l'on prête à l'homme de Cro-Magnon de maîtriser ses pulsions, en le dépeignant en train de voler à ses congénères une femme à la chevelure rousse, symbole de sensualité sauvage en cette fin de XIXe siècle. Pour Élisabeth Couturier, historienne de l'art, cette toile permet surtout « de montrer sous toutes les coutures le corps d'une femme désirable ». Ce sujet à la mode offre le prétexte à la matérialisation des fantasmes masculins dans le cadre d'un art officiel.

Ces scènes, où les corps sont exposés en torsion, permettent en effet de sublimer la perfection des formes féminines mises en valeur par la nudité intégrale. Le rapt comme scène de genre aide donc à faire entrer la sexualité dans les salons bourgeois en se cachant derrière l'historicité de la scène…

Pourtant, le rapt ne répond probablement pas à une réalité anthropologique. Pour Marylène Patou-Mathis, il « fait partie des grands mythes que l'on traîne depuis trop longtemps. Mais il n'est pas prouvable archéologiquement, et il s'est ancré dans les pensées uniquement via la force du mythe antique de l'enlèvement des femmes ».

L'anthropologue Michèle Coquet concède pourtant que le rapt est une alternative possible pour obtenir de la nouveauté génétique au sein d'un groupe :

> *Le rapt existe chez les populations de chasseurs-cueilleurs... mais il n'est pas aussi courant que ce que la peinture pompière a suggéré au* XIXe *siècle. [Et de préciser :] Le rapt est attesté en Amérique amazonienne chez les Yanomani (qui sont des chasseurs-collecteurs-jardiniers) quand un groupe en attaque un autre... Mais les raids sont occasionnels et ils ne visent pas du tout le rapt de femmes ! Il s'agit souvent d'une vengeance liée à d'autres conflits.*

Les situations périlleuses en termes de natalité peuvent également être une motivation à la pratique du rapt. Ainsi, « chez les Guayaki, l'ethnologue Pierre Clastres a observé des cas de rapt à cause d'un manque de femmes », poursuit Michèle Coquet.

Le dernier mobile évoqué pour exécuter ce geste qui ne favorise pas les relations de bon voisinage est lié à des difficultés économiques. On sait que « chez les Inuits, on procède à des rapts de femmes lorsque l'on est dans l'incapacité de payer la dot ».

Si le rapt a pu exister, il ne constituait pas la pratique dominante. Les chasseurs-cueilleurs ont probablement inventé le mariage, beaucoup plus intéressant sur le long terme en ce qui concerne le tissage d'alliances durables avec les peuplades voisines :

> *La majeure partie des échanges de femmes se font par alliance, non par rapt ! C'est le mariage qui apporte le plus d'avantages, car il permet d'avoir accès aux ressources des autres groupes. Les chasseurs-cueilleurs ne circulent pas de manière totalement libre dans un espace infini... Chaque groupe « possède » son territoire, et l'alliance permet d'aller chasser et collecter chez les voisins.*

En fonction des contextes, des comportements plus violents ont bien sûr pu survenir... Mais les chercheurs s'accordent sur le fait qu'il faut plutôt envisager un échange pacifique des dames de la Préhistoire qu'un arrachement à leurs familles. Marylène Patou-Mathis précise d'ailleurs que ce terme « échange » n'est pas dépréciatif. En particulier, « l'anthropologie de Lévi-Strauss envisage l'échange des femmes pour créer du lien entre les groupes, pour sceller les alliances et donc pour diminuer les violences. Et cet échange ne sous-entend pas forcément que la femme n'a pas le choix de son partenaire ! ».

Évidemment, il ne faut pas espérer trouver un modèle exclusif qui aurait régi les stratégies matrimoniales des temps anciens sur tous les continents. En revanche, nous pouvons affirmer que les unions étaient soigneusement choisies et scellées selon des règles propres au groupe et que l'anarchie maritale n'avait pas droit de cité.

Lorsque l'on tente d'envisager les unions préhistoriques, une autre question émerge régulièrement : nos ancêtres étaient-ils monogames ou polygames ? Romain Pigeaud, docteur en archéologie préhistorique, nous engage à rester ouverts d'esprit en ce qui concerne les structures de parenté de nos ancêtres : « Concernant la monogamie et la polygamie, il n'existe aucune trace archéologique… et on peut tout imaginer ! »

Si l'imagination peut en effet courir librement, l'anthropologue Michèle Coquet, en s'appuyant sur les statistiques établies par les ethnographes, est en mesure de guider nos représentations en la matière :

> *On a peu de cas de polygamie chez les chasseurs-cueilleurs. On connaît des cas de polyandrie en Amazonie, mais ils sont provoqués par des situations catastrophiques comme la chute démographique des femmes. [...] L'ethnographie des chasseurs-cueilleurs nous enseigne que la forme de relation privilégiée est la monogamie. C'est ce qui convient le mieux à une société où l'on ne peut pas être trop nombreux... En revanche, il ne s'agit pas forcément d'une monogamie qui dure toute la vie.*

Alors, Lady Sapiens a-t-elle été à la tête d'une famille recomposée ? C'est une possibilité à envisager ! Pour autant, allait-elle vivre chez son époux ? La question peut paraître impossible à dénouer, mais c'est compter sans l'habileté des paléogénéticiens qui sont désormais capables de pister les déplacements de l'ADN mitochondrial, celui qui est transmis uniquement par la lignée maternelle. C'est l'analyse de cet élément qui permet au professeur Évelyne Heyer de dégager les grandes tendances statistiques :

> *Dans notre espèce, ce sont surtout les femmes qui ont circulé de proche en proche. C'est lié à ce qu'on appelle la « patrilocalité ». Lorsque deux personnes issues de deux populations différentes se marient, c'est très souvent la femme qui bouge. Ce taux atteint 70 % dans les sociétés actuelles. Toutefois, au Paléolithique, d'après les données, les hommes comme les femmes devaient faire l'objet d'échanges.*

De telles transactions entre groupes humains géographiquement éloignés semblent donc avoir été un moyen efficace de nouer des alliances économiques et politiques à longue distance.

Par ailleurs, comme le rappelle le chercheur Jean-Jacques Hublin, « les femmes qui passent d'un groupe à l'autre assurent la circulation des flux génétiques, mais aussi des traditions, des croyances, des savoir-faire ». Les échanges matrimoniaux sont une source de richesse. Marylène Patou-Mathis confirme : « En se déplaçant, la femme a diffusé sa culture d'origine auprès de son nouveau groupe. Les femmes ont donc favorisé les progrès, les améliorations techniques, etc. »

Nous pouvons affirmer que Lady Sapiens et ses semblables, en s'unissant à un partenaire et en donnant la vie, ont contribué à la richesse de notre patrimoine génétique et culturel. Mais peut-on savoir comment survenaient ces rencontres ? Existait-il déjà un jeu subtil de la séduction ?

Les rites de rencontre entre hommes et femmes

Il est complexe pour les archéologues de percevoir les arts éphémères… Celui de la séduction est peut-être le plus volatile d'entre tous, car il ne laisse pas de traces, à part dans le cœur de l'être séduit. Et les cœurs battant la chamade ne se fossilisent pas, au grand dam des préhistoriens. Pour imaginer les stratégies de rencontre entre les humains du Paléolithique, les chercheurs sont contraints – une nouvelle fois – de chercher du secours du côté de l'ethnologie.

L'anthropologie culturelle permet d'ouvrir le champ des interprétations lorsque l'interrogation soulevée ne peut pas être résolue par l'analyse des sources archéologiques. Tel est le cas d'une question qui nous a taraudés au cours de notre enquête : à quoi pouvait bien ressembler le baiser préhistorique, si seulement il existait ? Sheril Kirshenbaum, chercheuse américaine associée à l'université d'État du Michigan, autrice de l'étude *The Science of Kissing*, nous a fait part du fruit de ses recherches dans la lignée des plus grands scientifiques : « Même Darwin s'est penché sur les différentes traditions et sur l'origine des comportements humains utilisés pour montrer l'affection. C'est dire si la question est cruciale ! »

Le baiser est bien l'une des choses les plus sérieuses de l'existence. Qu'il soit maternel chez Klimt, volé chez Truffaut, source d'oubli chez Baudelaire ou de mort chez Munch, le baiser est le premier don convoité par la personne éprise. C'est pour cette raison que Sheril Kirshenbaum n'imagine pas un monde préhistorique sans marque d'affection :

> *Le grand public a l'image d'humains préhistoriques sauvages et violents, mais pour moi, il ne fait aucun doute qu'ils partageaient des gestes tendres, qu'ils prenaient soin les uns des autres. C'est trop difficile de survivre sans affection : s'ils n'avaient pas été tendres, nous ne serions pas là pour en parler.*

L'échange de marques de tendresse fréquentes et élaborées est d'autant plus plausible que « quand on regarde ce qui se passe dans le règne animal, et notamment chez les grands singes, nous les voyons se prendre dans les bras et s'échanger des baisers ».

Pourquoi ces gestes sont-ils si répandus ? Pour Sheril Kirshenbaum, il s'agit d'une nécessité psychologique, sociale, mais avant tout… physiologique !

En effet, si l'on dissèque le baiser sous le scalpel de la biologie moléculaire, il se révèle être un cocktail explosif de dopamine, d'ocytocine, de sérotonine et d'adrénaline. De quoi faire augmenter la sensation de bien-être, mais aussi lier durablement les deux partenaires, notamment grâce à l'ocytocine, désormais connue pour être l'« hormone de l'attachement ». La durabilité des liens entre les êtres dépend donc notamment de la pratique des démonstrations d'affinité. C'est pour cette raison que les gestes d'affection et de confiance peuvent être partagés par les parents, les amis ou les alliés. Ils ne sont pas réservés aux seuls amants, poursuit l'universitaire d'outre-Atlantique :

> *Partout où l'on pose le regard, dans les livres des historiens ou dans les rapports des ethnologues qui ont assisté à des manifestations d'affection chez des populations dites « pré-contact*[1] *», on voit à quel point ces échanges sont importants... Et pas seulement entre les amoureux, mais aussi entre les gens qui font partie de la même famille... Tout particulièrement entre la mère et son enfant.*

Si une part de pulsionnel demeure dans nos gestes d'affection, les manifestations d'un lien social étroit sont surtout des constructions de la culture. Pour imaginer comment les humains s'embrassaient dix mille ans avant notre ère, il faut donc se départir de nos conceptions modernes et oublier pour un temps le baiser sur la bouche, et à plus forte raison le fameux *french kiss*. Un tour d'horizon des gestes tendres de par le monde révèle des pratiques étonnantes :

1. Les anthropologues appellent « sociétés pré-contact » celles qui n'ont pas fait la rencontre de notre civilisation occidentale. Elles n'ont donc pas encore subi l'influence de notre mode de vie.

Pour montrer son affection, on peut se rapprocher, s'enlacer, se frotter le visage. Les gestes peuvent être très variés ! Dans certaines régions du Canada ou chez les Maoris, les individus se reniflent la peau... La seule chose qui compte c'est que les deux protagonistes partagent les mêmes codes leur permettant d'interpréter le geste.

En effet, le baiser sur la bouche est une anecdote dans l'histoire du baiser, une note parmi d'autres dans la partition gigantesque de la symphonie des embrassades. Démocratisé à l'époque moderne en Occident, le baiser sur la bouche était encore incompris par beaucoup de populations traditionnelles jusqu'à une époque récente. Sheril Kirshenbaum nous raconte une mésaventure de Will Winwood, explorateur britannique ayant parcouru l'Afrique au XIXe siècle. Lors de l'un de ses voyages, « il est tombé amoureux de la fille du chef de village. Mais lorsqu'il a eu enfin le courage de l'embrasser, elle a paniqué et s'est enfuie de la hutte. Elle n'avait jamais vu ce type de comportement, elle a cru qu'il voulait la manger ! »

Le baiser sur la bouche est donc bien loin de constituer un invariant anthropologique. Certes, un jour, un singe a gratifié le célèbre éthologue Frans de Waal d'un tel baiser, qui l'a beaucoup surpris ! Mais il ne s'agit pas d'un élan couramment observé par les primatologues. Ce geste ne prouve en rien que nos ancêtres aient pratiqué le baiser pour montrer leur attachement ou leur désir.

À quoi pouvait donc ressembler l'équivalent de notre baiser romantique ? Cela peut prendre des formes étonnantes chez certaines populations, comme chez les îliens des atolls de Trobriand, au large de la côte orientale de la Nouvelle-Guinée. Ces délicats interprètes de l'art du baiser se mordillent les cils pendant leurs étreintes les plus passionnées, découverte qui laissa en son temps Bronislaw Malinowski, spécialiste des comportements sexuels « primitifs », sans voix.

Toutefois, il est possible que la bouche ait attiré certains de nos ancêtres. Pour Sheril Kirshenbaum, cette zone est un lieu de contact privilégié :

> *Les lèvres humaines sont particulièrement sensibles, et ce n'est pas qu'un moyen d'exprimer son affection, mais une façon d'explorer le monde... surtout lorsqu'on est un bébé ! Adulte, on se souvient peut-être aussi que le prémâchage des aliments par nos proches nous a nourris.*

De surcroît, les bouches des femmes en disent long sur leur capacité de reproductrice : « Une bouche rosée et généreuse est un baromètre hormonal pour l'homme, qui sait reconnaître d'instinct un fort taux d'œstrogènes derrière les formes rebondies. »

Enfin, la spécialiste évoque ce qu'il est convenu d'appeler le « rappel génital », c'est-à-dire la frappante analogie entre les lèvres qui s'exposent au milieu du visage et celles que les femmes dissimulent sous le vêtement.

Pour le moment, un seul exemple de baiser romantique antérieur au Néolithique est connu : sur les parois rocheuses du site de Boqueirão, dans le complexe préhistorique de la Pedra Furada niché dans le parc national brésilien de la Serra da Capivara, deux personnages de profil, l'un plus petit que l'autre, tendent leur visage l'un vers l'autre (voir illustration ci-dessous)... En attendant de futures découvertes de représentations figuratives explicites, les préhistoriens se sont tournés vers les autres moyens d'attraction qui ont pu exister.

Peint à l'ocre sur les parois rocheuses du site de do Boqueirão, dans le Nordeste (Brésil), un délicat baiser préhistorique daté de – 15 000 ans d'après Niede Guidon, directrice du Museo de do Homem Americano de São Raimundo (Piauí, Brésil)...

Pour séduire, il faut sortir du lot. Être remarqué. Pour ce faire, un moyen universel est de montrer son talent. Toute activité pouvant prouver la supériorité physique et cognitive des partenaires potentiels peut ainsi entrer dans le jeu de la séduction.

Il suffit de s'attarder sur certains outils en pierre finement taillés, comme les merveilleuses feuilles de laurier solutréennes, pour se convaincre que l'habileté était une vertu recherchée et cultivée par les préhistoriques. Toutefois, produire les outils nécessaires à la survie ne nécessitait pas une grande virtuosité. Le bon sens et les connaissances de base des propriétés physiques du matériau lithique suffisaient à créer des éclats efficaces. Alors pourquoi gaspiller son temps et son énergie pour parvenir à l'excellence du geste et obtenir la pureté de la forme ? Il est probable que le plaisir personnel du dépassement de soi ait été le premier moteur de l'artisan. La satisfaction de produire un bel objet a donc pu être à l'origine des lames de silex les plus somptueuses. Mais le talent pouvait également servir à attirer l'attention des potentiels partenaires.

Pour apprivoiser le corps de l'autre sans avoir forcément besoin d'en passer par un moment d'intimité qui de toute façon est proscrit dans de nombreuses sociétés, les humains ont déployé des trésors d'ingéniosité. Ainsi, le médecin et anthropologue Benjamin Brody s'est penché sur les stratégies déployées pour conquérir le cœur de la personne élue. Dans les années 1980, dans certaines zones rurales de l'Autriche, les femmes pratiquaient une parade dansée qui a étonné l'ethnopsychiatre. Les jeunes filles à marier dansaient en prenant soin de caler sous leurs aisselles de fines tranches de pomme. L'homme de leur choix était ensuite invité à déguster les rondelles imprégnées de sueur. Si le goût ne lui était pas désagréable… alors les futurs amants pouvaient faire connaissance !

Cet exemple, si saugrenu qu'il puisse paraître, nous rappelle que les traditions qui permettent aux jeunes gens de se rencontrer sont variées. Lorsque nous tentons d'envisager les comportements amoureux de nos ancêtres, nous devons nous reconnecter à notre animalité la plus profonde, et nous défaire des tristes habitudes mises en place par les *Homo technologicus* que nous sommes devenus. Cette danse des rondelles de pomme est parfaitement ingénieuse d'un point de vue évolutif… En effet, les odeurs et les goûts corporels sont de précieux indices de notre constitution interne. Une goutte de sueur nous en apprend plus sur notre potentiel amour que tous les profils de sites de rencontre.

Lors de cette quête, le comportement du partenaire recherché et ses aptitudes sont également évalués. C'est pour cette raison que la danse est l'une des armes de séduction les plus répandues. Cet art subtil permet à ses adeptes de montrer leurs capacités psychomotrices, leur endurance et leur sensibilité. Et on le pratique bien plus souvent qu'on ne se plaît à l'imaginer, comme l'explique Michèle Coquet :

Chez les chasseurs-cueilleurs actuels, la danse est une pratique commune. Elle n'est pas réservée qu'aux grandes occasions de la vie collective (funérailles, retour de chasse, initiation). La danse peut participer aux jeux de séduction lorsqu'elle est exécutée par exemple lors de rites de puberté.

Cette activité sensuelle n'est pas le domaine exclusif des femmes, et, lorsqu'il s'agit d'attirer l'attention d'une partenaire, les hommes aussi peuvent entrer dans la danse. Sophie A. de Beaune nous invite à casser les clichés de la femme séductrice et de l'homme décisionnaire à l'occasion d'une escapade en Afrique, chez les Peuls, où « ce sont les hommes qui se parent et qui dansent pour séduire les femmes, et ces dernières regardent… Il arrive même qu'une femme quitte son vieux mari pour choisir un homme plus jeune qui l'a séduite de cette manière ! ».

Quelle que soit l'organisation de la manifestation dansée, il n'y a aucune raison que les préhistoriques se soient privés de ce moyen d'expression. Mais comment l'archéologue pourrait-il en percevoir l'écho ? La danse ne peut être devinée qu'au travers de vestiges difficiles à interpréter, comme des représentations artistiques. Quelques fragments de plaquettes magdaléniennes, retrouvées en Allemagne sur les sites de Gönnersdorf et d'Andernach, deux lieux de rassemblement situés de chaque côté de la vallée du Rhin et qui datent de 12 500 ans, semblent en effet représenter des êtres encapuchonnés en train de danser (voir illustration p. 102). Romain Pigeaud décrypte ces discrets indices que nos ancêtres nous ont laissés :

Certaines virgules près des jambes sont identifiées par le professeur Gerhard Bosinski comme la représentation d'un mouvement dansé. Ce sont peut-être les figurations de danses matrimoniales comme on peut en voir en ethnographie.

Et comment ne pas évoquer la plaquette mise au jour dans la grotte de la Garenne, à Saint-Marcel, dans l'Indre, qui montre six personnages en anorak se tenant par la main ? Mais cette ligne harmonieuse d'humains pourrait tout aussi bien évoquer une scène de rabattage du gibier qu'une ronde dansante où les rencontres amoureuses devenaient possibles.

Les représentations artistiques ne sont pas les seuls éléments permettant de percevoir l'existence de la danse… Les instruments de musique préhistoriques constituent aussi de possibles preuves indirectes de sa pratique, car, comme le souligne justement le professeur Nicholas Conard, « il n'y a pas de danse sans musique. Évidemment, il y a la possibilité de la voix et de taper dans les mains… mais on peut aller beaucoup plus loin ».

De très nombreux types d'instruments datant du Paléolithique supérieur ont été retrouvés. Certains nous sont familiers : c'est le cas de la flûte, dont de nombreux exemplaires ont été recensés. Les trois plus anciennes flûtes connues, dont deux en os de cygne et une en ivoire de mammouth, ont été trouvées dans la grotte de Geissenklösterle, en Allemagne, et ont environ 40 000 ans. D'autres vestiges ont été interprétés comme de possibles instruments plus exotiques, tel que le rhombe, que le musicien devait faire tournoyer au bout d'une cordelette pour produire un vrombissement. Il est probable que la diversité des instruments était plus grande encore. Les peaux des tambours, les cordes et les caisses en bois – possibles ancêtres des harpes et des guitares – se sont évanouies dans les profondeurs du temps. Et l'orchestre préhistorique complet se dérobe au regard des chercheurs.

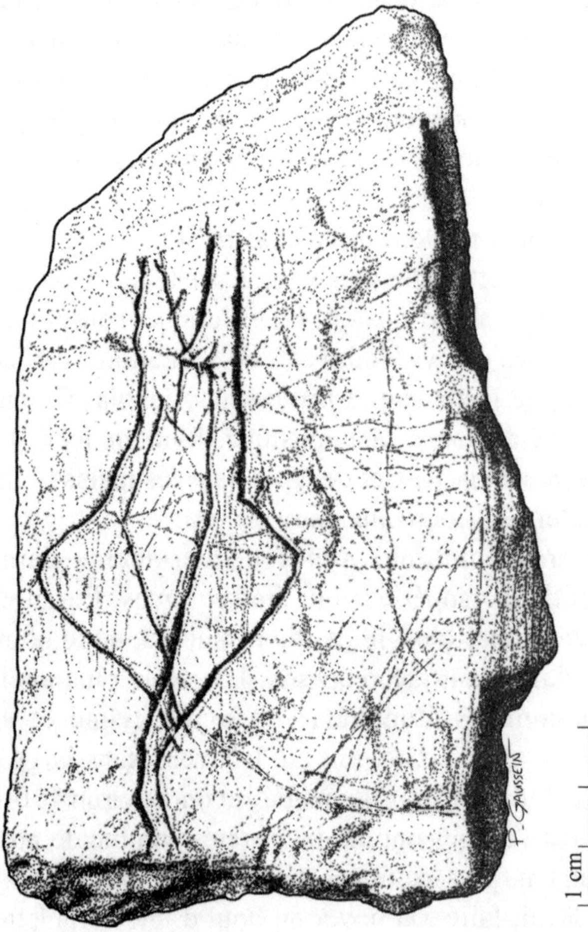

Sur l'une des plaquettes de Gönnersdorf, deux femmes se font face. Leurs jambes semblent s'activer, comme pour exécuter une danse.

Les représentations artistiques ne sont pas les seuls éléments permettant de percevoir l'existence de la danse… Les instruments de musique préhistoriques constituent aussi de possibles preuves indirectes de sa pratique, car, comme le souligne justement le professeur Nicholas Conard, « il n'y a pas de danse sans musique. Évidemment, il y a la possibilité de la voix et de taper dans les mains… mais on peut aller beaucoup plus loin ».

De très nombreux types d'instruments datant du Paléolithique supérieur ont été retrouvés. Certains nous sont familiers : c'est le cas de la flûte, dont de nombreux exemplaires ont été recensés. Les trois plus anciennes flûtes connues, dont deux en os de cygne et une en ivoire de mammouth, ont été trouvées dans la grotte de Geissenklösterle, en Allemagne, et ont environ 40 000 ans. D'autres vestiges ont été interprétés comme de possibles instruments plus exotiques, tel que le rhombe, que le musicien devait faire tournoyer au bout d'une cordelette pour produire un vrombissement. Il est probable que la diversité des instruments était plus grande encore. Les peaux des tambours, les cordes et les caisses en bois – possibles ancêtres des harpes et des guitares – se sont évanouies dans les profondeurs du temps. Et l'orchestre préhistorique complet se dérobe au regard des chercheurs.

Quelles que soient les stratégies, la séduction est le premier pas vers une autre activité essentielle à la survie du groupe : la sexualité. Comme toutes les pratiques intimes, elle demeure toutefois bien difficile à appréhender. Certains vestiges archéologiques nous permettent pourtant de remonter la piste des émois et des ébats de nos ancêtres…

Les indices de la sexualité

La sexualité semble avoir joué un rôle important dans le quotidien et l'univers mental des préhistoriques, si l'on en croit le nombre considérable de représentations pariétales, rupestres ou sculptées mettant en valeur des parties génitales humaines. Les gracieuses Vénus qui exhibent des triangles pubiens marqués sont légion, et d'autres segments anatomiques à connotation sexuelle ont également été gravés sur les parois des grottes.

Des triangles pubiens et des phallus s'intègrent en effet discrètement dans les compositions picturales, complétant un dispositif plus global. Ainsi, dans l'abri Cellier (Tursac, Périgord), ces motifs côtoient des images d'animaux. Randall White, professeur à l'université de New York et Périgourdin d'adoption, les connaît parfaitement :

> *L'abri Castanet et l'abri Blanchard ont fourni huit ou neuf vulves gravées. Et sur ce bloc de l'abri Cellier il y en a cinq, de deux formes différentes : une ronde et une autre plus triangulaire. Cette différence pose des questions : les vulves ont-elles la même signification malgré leurs formes distinctes ?*

Certains préhistoriens voient dans ces figurations arrondies la représentation d'empreintes d'animaux… D'autres n'excluent pas que les artistes aient intentionnellement entretenu la confusion et aient même créé des « calembours formels », comme le « bâton aux seins » de Dolní Věstonice, qui évoque aussi bien une Vénus qu'un pénis assorti de ses testicules.

Les triangles pubiens fendus gravés ou peints étaient souvent mis en valeur en étant placés près d'anfractuosités naturelles qui leur donnaient toute leur dimension. Dans un abri en grès de Fontainebleau, trois entailles évoquant une vulve ont été approfondies à l'aide d'un outil il y a 20000 ans, selon le chercheur Boris Valentin. Sur le côté droit du panneau, une fissure naturelle a été agrandie et fait penser à une hanche et le haut d'une cuisse. Le tout rappelle étrangement « L'Origine du monde » de Courbet (voir illustration p. 231). Dans la grotte Chauvet, un triangle pubien touffu et les deux cuisses fuselées qui l'encadrent ont été dessinés au charbon sur une stalactite. Les pubis inspiraient tellement les préhistoriques qu'ils s'appliquaient parfois à les dessiner à des endroits difficiles d'accès. Le professeur White en témoigne : « Certaines vulves ont été gravées sur le plafond des abris. Nous le savons parce que nous avons retrouvé la partie gravée directement en contact avec le sol sur lequel les blocs se sont effondrés. »

Mais alors, pourquoi une telle profusion de représentations sexuelles féminines ? Le chercheur new-yorkais s'interroge : « Est-ce le reflet du respect dont on faisait preuve envers les femmes ? Est-ce l'expression d'une volonté de voir ces images agir positivement sur le quotidien des chasseurs-cueilleurs ? Les questions sont très ouvertes, mais nous manquons de réponses ! »

Les symboles génitaux féminins ne sont pas les seuls à avoir retenu l'attention des artistes d'autrefois. Les membres virils, beaucoup moins fréquents, ont quelquefois été gravés sur les parois des grottes, et certains individus masculins sont représentés en érection. Des phallus en ronde-bosse (c'est-à-dire en trois dimensions) ont été sculptés sur des dents ou des baguettes d'ivoire, et quelques-uns ornent l'extrémité de bois de renne perforés. L'utilisation de ces « bâtons percés » fait encore débat parmi les spécialistes, l'hypothèse la plus communément admise étant qu'ils aient servi à redresser des sagaies en os ou en bois de cervidé, naturellement courbes. Quoi qu'il en soit, les rares exemplaires phalliformes – moins d'une dizaine pour une centaine de statuettes féminines connues – ont été représentés grandeur nature, ce qui laisse certains scientifiques songeurs. Oscar Fuentes, préhistorien au Centre national de la Préhistoire de Périgueux, nous rapporte les hypothèses audacieuses de quelques-uns de ses collègues :

Marc Martinez et son équipe ont étudié les objets en forme de pénis provenant du site du Roc-de-Marcamps (Gironde, Magdalénien moyen). Les détails anatomiques – comme le gland – sont traités avec beaucoup de réalisme. Ils ont émis l'hypothèse que ces bâtons étaient utilisés pendant des cérémonies liées à la sexualité. Ils parlent même de jouets sexuels.

Le foisonnement des représentations sexuelles exécutées durant toute la Préhistoire pose question… Sommes-nous face à des symboles de fertilité ? S'agit-il des supports d'une magie de la reproduction ? Ou, plus trivialement, s'agit-il de l'évocation de pratiques sexuelles ?

Il semble difficile de visualiser les étreintes de nos ancêtres sans tomber dans le fantasme et l'élucubration… Pourtant, l'art sur plaquettes gravées est là, discret, méconnu du grand public, et nous livre le tout premier *Kama Sutra* de l'histoire de l'humanité. Sur des plaquettes découvertes dans le secret des grottes d'Enlène (Ariège) et de la Marche (Vienne), de curieuses scènes pourraient ouvrir une fenêtre sur la sexualité de nos aïeux (voir illustration p. 108). Ici, deux corps gravés superposés ont été interprétés comme figurant un duo s'appliquant à pratiquer une levrette, là deux silhouettes évoquent un couple debout, étroitement enlacé. Précisons toutefois que l'interprétation de ces deux scènes est loin de faire l'unanimité parmi les spécialistes.

Les techniques de réalisation de ces œuvres les rendent en effet difficiles à comprendre. Les plaquettes présentent un fouillis de traits gravés complexe à démêler. On ignore si elles faisaient l'objet d'un procédé quelconque qui permettait de mieux les voir à l'époque de leur production. Toujours est-il que l'on observe aujourd'hui un enchevêtrement inextricable de traits dont les superpositions rendent la perception des différents dessins originaux fort ardue. Comment être sûr que les deux femmes représentées tête-bêche dans la grotte de la Marche ont été réellement assemblées dans une même composition par l'artiste ? Si tel est le cas, nous pourrions être en présence de la toute première représentation de sexe oral et homosexuel de l'histoire de l'art. D'autres pratiques ont pu être représentées : Oscar Fuentes mentionne « une plaquette gravée avec une main féminine près d'un pénis en érection », trouvée à Enlène (voir illustration p. 108, en bas à gauche).

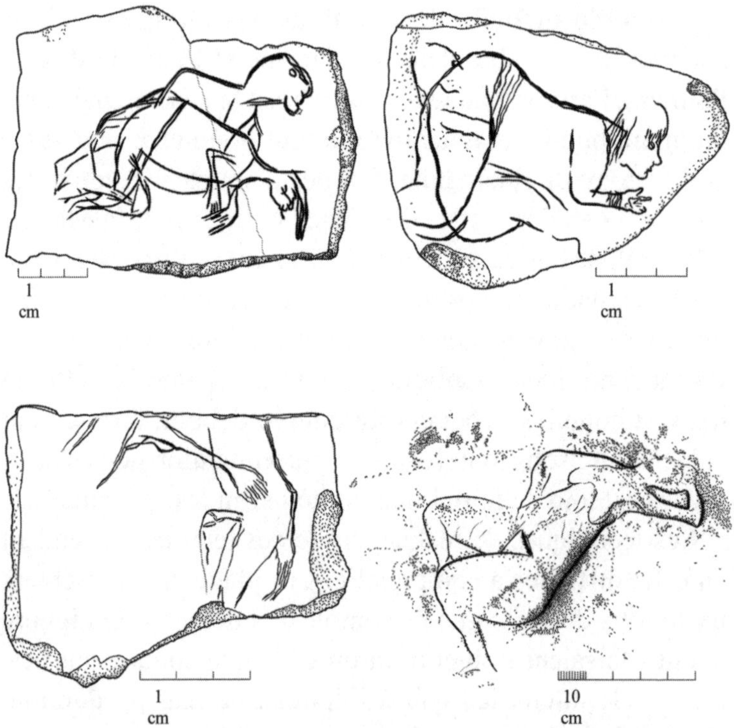

Deux plaquettes gravées de scènes sexuelles provenant de la grotte d'Enlène (Ariège), colonne de gauche.
En haut à droite, représentation identifiée dans la grotte de la Marche (Vienne); en bas à droite, une femme est lascivement allongée sur la paroi de l'abri de la Magdelaine, à Penne (Tarn).

Certains chercheurs pensent même percevoir un liquide s'échapper du membre viril. Il est donc possible que nous soyons les témoins d'une scène d'onanisme vieille de plus de 10 000 ans. Face à tous ces indices, quelques spécialistes ont d'ailleurs été prompts à parler d'érotisme… voire de pornographie !

Difficile pour les chercheurs d'aujourd'hui de ne pas voir le reflet des fantasmes masculins dans les poitrines opulentes des Vénus et dans les pubis gravés sur les parois. Beaucoup de préhistoriens écartent pourtant cette hypothèse, qui leur semble anachronique. L'avis de Nicholas Conard est tranché : il évoque une « absurdité ».

Il faut savoir reconnaître nos projections contemporaines... et éviter de les calquer directement sur le passé ! [...] Évidemment que nos ancêtres avaient la notion d'affection, d'érotisme. Mais rien ne nous permet d'avancer que cela allait dans le sens d'une domination masculine, comme c'est le cas dans la notion contemporaine de pornographie. En tout cas, ce n'est pas ce que je vois dans la Vénus de Hohle Fels.

Lorsqu'on lui montre les gros titres de certains magazines qui dépeignent les humains de l'époque préhistorique comme des obsédés sexuels, Catherine Schwab s'amuse : « La part de la représentation sexuelle dans l'art paléolithique n'est pas plus importante que pour d'autres périodes de l'histoire de l'art ! » rappelle-t-elle, pointant les nombreux phallus de l'époque romaine et les peintures lascives de la Renaissance.

Quant au professeur Denis Vialou, il souligne le caractère mouvant des pratiques sexuelles d'hier à aujourd'hui : « La sexualité est une construction sociale par excellence. Elle repose sur des normes qui sont multiples et finissent par s'entrecroiser. [...] L'érotisme change complètement d'une société à l'autre. Il n'y a pas *une* norme. »

Lorsqu'on l'interroge sur une potentielle fixation mentale des humains de la Préhistoire sur la copulation, Nicholas Conard propose de remettre les choses en perspective :

> *Est-ce que les Paléolithiques étaient obsédés par le sexe ? Non ! Pas plus que nous ne le sommes ! Mais c'est une composante essentielle à la survie du groupe... Vous pouvez chanter, danser, faire un million de choses, mais rien n'est aussi essentiel au succès d'une population qu'une reproduction réussie.*

Il est donc possible que la recherche du plaisir sexuel ait été au cœur des préoccupations intimes de nos aïeux, car ces échanges positifs resserraient les liens entre les individus... en plus d'assurer des fécondations plus nombreuses !

Une interrogation surgit alors : les humains de la Préhistoire faisaient-ils le lien entre la sexualité et la procréation ? Un site archéologique exceptionnel semble apporter des éléments de réponse à cette question cruciale.

Sexualité et procréation

Notre enquête à la recherche des femmes de la Préhistoire se poursuit à l'abri du Roc-aux-Sorciers, dans la Vienne. Ce site archéologique a été découvert en 1927 par Lucien Rousseau. Il est connu pour son impressionnante frise sculptée représentant – entre autres – de sublimes femmes grandeur nature.

Ces Vénus de calcaire ont été révélées en 1950 par… deux femmes ! Suzanne de Saint-Mathurin et Dorothy Garrod ne se doutaient pas que leur découverte serait classée au titre des monuments historiques le 18 janvier 1955.

Le Roc-aux-Sorciers est un abri sous roche à la position idéale, où les humains ont particulièrement apprécié séjourner. « Il y a 15 000 ans, au Roc-aux-Sorciers, il y avait une falaise orientée plein sud, avec une magnifique vue sur la vallée où court la rivière Anglin ainsi que des guets où les animaux se réunissaient… » nous raconte Geneviève Pinçon, responsable scientifique du site.

L'endroit a été occupé pendant le Paléolithique supérieur, et des artistes y ont exprimé leur talent il y a environ 15 000 ans. Ce point est d'importance, car il est rare et précieux de connaître la datation d'œuvres préhistoriques. En effet, les archéologues sont souvent confrontés à des problèmes chronologiques du fait que les œuvres gravées ne contiennent pas de matériaux susceptibles d'être datés par des méthodes comme le carbone 14. Le cas du Roc-aux-Sorciers est exceptionnel : les préhistoriens ont eu la chance de découvrir, au milieu des sédiments archéologiques, des fragments d'œuvres détachés de la paroi lors d'un effondrement. La paroi sculptée a ainsi pu être datée par association avec les fragments de la frise retrouvés dans le sol d'occupation. Qui plus est, ce site est aussi remarquable par la monumentalité de ses œuvres. Le plafond à lui seul totalise 500 m^2 de surface ornée, mais, comme nous l'apprend Geneviève Pinçon, « la fresque s'étend probablement deux fois plus que ce que l'on en connaît. 20 mètres de long seulement ont été dégagés et 20 autres mètres ont été conservés en tant que réserve archéologique».

De quoi faire de belles découvertes dans les années à venir, quand nos technologies permettront de nouvelles analyses. Les œuvres de cet abri doivent être observées dans un silence recueilli tant leur facture est magistrale et leur taille imposante: «Il s'agit de sculptures monumentales, avec des figures humaines et animales grandeur nature. Ces œuvres étaient visibles de loin car le paysage du moment était celui d'une toundra dégagée.»

Gravés sur la paroi de l'abri du Roc-aux-Sorciers (Vienne), deux bouquetins mâles – en haut – semblent se disputer les faveurs d'une femelle en chaleur – en bas à gauche – accompagnée de son petit – en bas à droite.

Sur la partie de la paroi aujourd'hui visible, deux bouquetins et une tête humaine, peut-être masculine, accueillent le visiteur. Puis vient un troupeau de caprinés avec deux mâles en rut (au-dessus) qui combattent pour obtenir les faveurs de la femelle en chaleur accompagnée de son petit (au-dessous) ; quelques pas plus loin, l'admirable triptyque des femmes est suivi du panneau des chevaux, et enfin deux bisons ferment cette frise stupéfiante d'une quinzaine de mètres.

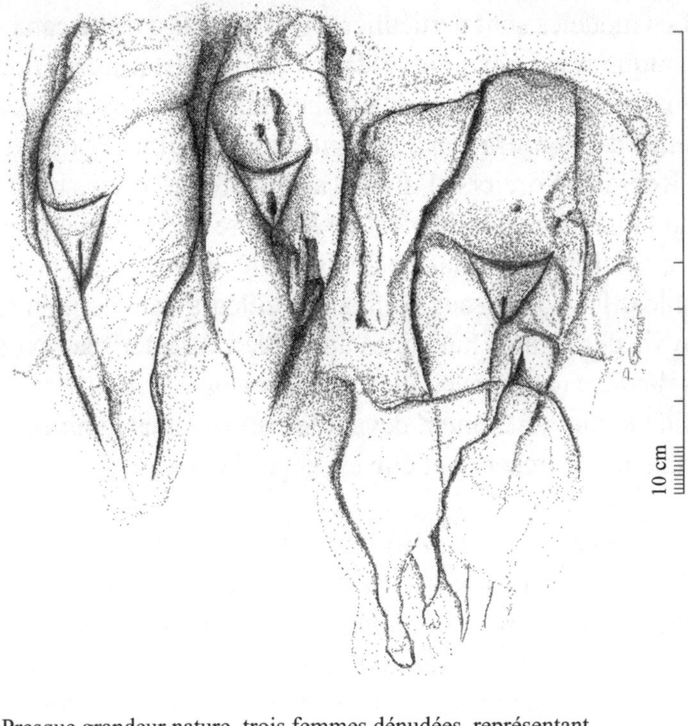

Presque grandeur nature, trois femmes dénudées, représentant potentiellement les « trois âges de la vie », se dressent sur la paroi de l'abri du Roc-aux-Sorciers (Vienne).

Ces œuvres délicates ont nécessité un aménagement préalable de la paroi, qui a été dégrossie avant de commencer la gravure. Si l'observateur moderne voit majoritairement des sillons profonds sur un fond uni de couleur crème, sa perception est sans doute partielle. Tout comme les cathédrales médiévales étaient polychromes, il est fort possible que les gravures aient été rehaussées de couleurs. En effet, Geneviève Pinçon a pu s'émerveiller en y décelant des traces de pigments : « Un personnage était sculpté, gravé et peint ! »

Les modèles sont particulièrement réalistes. Cette caractéristique n'est pas unique dans l'art préhistorique, et de telles figurations, comme les chevaux de Chauvet et les bisons d'Altamira, en Espagne, sont légion. Pourtant, au Roc-aux-Sorciers, l'artiste a fait preuve d'une réelle originalité dans le traitement de la figure anthropomorphe. À ce sujet, l'enthousiasme de Geneviève Pinçon est communicatif : « C'est sans équivalent ailleurs dans le monde d'avoir des figures humaines aussi bien caractérisées avec des détails anatomiques sur les visages ! »

Elle s'ancre fièrement devant le panneau des femmes et commente le trésor dont elle est la gardienne :

D'abord nous avons une femme de face, puis une femme de profil qui porte la ligne de pigmentation des jeunes femmes enceintes... Et voici une troisième femme, qui n'a pas du tout de rondeurs : c'est probablement une jeune fille ou une femme très âgée. Ce panneau est unique ! On a trois femmes grandeur nature qui n'ont pas de tête, pas de pieds, pas de bras...

L'accent a été mis sur les signes de la féminité, comme pour la plupart des statuettes féminines. « Les aspérités de la paroi ont été utilisées pour souligner la vulve de la première femme. On voit aussi le détail de son mamelon. » Ici, les individus s'effacent devant les détails anatomiques.

De quoi laisser Geneviève Pinçon avancer que le discours des artistes dépasse largement la représentation réaliste des femmes de leur groupe : « On voit le cycle complet de la vie de la femme représentée de manière générique. C'est l'histoire d'un corps qui, à un moment donné, est fécond, et à d'autres moments ne l'est plus. »

Alors, cette fresque monumentale est-elle réellement une ode à la fertilité ? Pour Catherine Schwab, il y a peu de doute sur la question : « On représente la jeune fille, la femme qui vient d'accoucher, mais aussi probablement la femme ménopausée. Nous avons une représentation des trois stades de la vie, qui tourne encore autour du pivot de l'enfantement. »

À l'appui de cette lecture, Oscar Fuentes trouve un écho à la symbolique dans quelques détails des représentations animales du site : « Le côté “maternité” de la bisonne est très important car on lui a donné des détails anatomiques qui ne sont normalement pas présents d'habitude, comme le pis et les trayons du pis ! » Le panneau des bouquetins offre également un condensé des attitudes de rut de ces animaux, ainsi qu'une possible allégorie de la fécondité :

> *Nous avons l'affrontement probable entre deux mâles en rut et en dessous la femelle qui redresse la queue et montre une vulve dilatée. Elle est aussi accompagnée d'un petit. Le message est assez clair.*

Le caractère féminin de cette femelle bouquetin est d'ailleurs renforcé par la présence du bas d'un corps de femme en sous-gravure[1].

Pour Oscar Fuentes, le discours est limpide : « Au Roc-aux-Sorciers, les artistes suivaient clairement le fil rouge de la fécondité. »

Selon Geneviève Pinçon, cette tribu du Roc-aux-Sorciers aurait gravé dans la roche une sorte de frise pédagogique, semblable à une bande dessinée, pour expliquer le lien entre l'acte sexuel et la procréation. « Les Magdaléniens sont des hommes et des femmes comme nous : ils avaient tout compris ! Le panneau des bouquetins l'illustre sans ambiguïté ; on y voit la femelle, son petit, les mâles en rut. » La préhistorienne est certaine que nos ancêtres comprenaient parfaitement les étapes de la reproduction humaine et animale.

Le lien est évident. De plus, ce panneau répond à celui des trois femmes aux trois âges de la vie, qui, lui, s'inscrit dans une approche plus conceptuelle, et pourquoi pas mythologique.

Si certains persistent à croire – contre la grande majorité des préhistoriens – que les contemporains de Lady Sapiens ne comprenaient pas le cycle de la vie, pour Nicholas Conard, il n'y a pas de doute possible :

---

1. La frise n'a pas été créée en une seule fois. Les chercheurs distinguent trois périodes de réalisation, probablement selon trois saisons d'occupation. Cela explique que certaines gravures aient été réalisées par-dessus d'autres. Pour les chercheurs, ce mille-feuille visuel renforce la symbolique des images sculptées.

Certaines personnes arguent que les humains préhistoriques ne comprenaient rien à la reproduction. Je pense pour ma part que c'est très improbable ! Ces gens étaient beaucoup plus connectés à leur environnement que nous. Pas besoin d'être un génie pour comprendre que, comme tous les autres animaux, quand vous avez des rapports sexuels, vous tombez enceinte.

Geneviève Pinçon émet une remarque supplémentaire : « Les femmes sont associées aux bisons. C'est peut-être fort de symbolisme, car le bison est l'un des rares mammifères avec une gestation égale à celle des humains puisqu'elle dure neuf mois. » De la sorte, les habitants des lieux montraient qu'ils avaient une parfaite connaissance des processus procréatifs.

« Tous ces éléments tendent à montrer que ce site est le fruit d'une élaboration intellectuelle et symbolique complexe… Mais quel discours se cache derrière cette fresque étonnante ? Il est difficile de donner une interprétation définitive. En tout cas, la représentation d'une banale scène de la vie quotidienne paraît exclue, tant l'investissement des populations a été grand pour exécuter l'œuvre. Pour Geneviève Pinçon, « ils ont peut-être voulu représenter un mythe… ou un fait naturel, ou un concept… ».

Oscar Fuentes, quant à lui, y voit la personnalisation de connaissances ancestrales à faire comprendre au plus grand nombre : « Ce panneau n'évoque pas les femmes mais est plutôt une allégorie de la fécondité. […] Tout ceci nous renvoie à une pensée symbolique commune entre les humains et les animaux. »

Il est aussi possible que les préhistoriques aient élaboré une mythologie autour de la fertilité humaine, en la liant à l'environnement et aux figures animales. En effet, il est rare que l'acte sexuel soit perçu dans les sociétés traditionnelles comme une simple opération consistant à produire « cliniquement » une nouvelle vie. Michèle Coquet énonce cet invariant anthropologique :

On sait qu'un acte sexuel entre un homme et une femme est nécessaire pour avoir un enfant... Mais ce n'est jamais suffisant ! Les théories autochtones de la procréation sont parfois très complexes.

Pour créer un nouvel être humain, la magie et la spiritualité s'insinuent dans les contes et les récits cosmogoniques :

Des êtres extérieurs (esprits des morts, puissances de la nature) contribuent eux aussi à l'émergence du nouvel être humain. Chez les Aborigènes d'Australie, l'homme sert à ouvrir le chemin à l'entité par l'acte sexuel, puis va la nourrir grâce à son sperme. La femme va aller à la rencontre de petits êtres dans des lieux sacrés pour les faire venir en son sein. Cette promenade est favorisée pendant les menstrues de la femme.

Il n'est pas impossible que les préhistoriques aient tenu ce genre de discours et inventé des gestes censés favoriser la reproduction humaine. Créer une famille est une aventure universelle qui a préoccupé les femmes depuis l'aube de l'humanité.

Chapitre 5

*

Fonder une famille

Pour envisager la vie intime des femmes de la Préhistoire, il est essentiel de partir à la découverte de leurs familles. Quelle en était la structure ? Comment s'y organisait le quotidien ? Comment les mères maintenaient-elles leurs activités malgré le temps nécessaire à la protection des enfants gardés au sein et à l'éducation des plus grands ?

Des rencontres passionnantes avec des spécialistes en paléogénétique, en primatologie ou en anthropologie permettent d'esquisser les contours de ces portraits de famille des origines… Tous les chercheurs s'accordent sur le fait que la figure de proue des unités familiales est toujours la mère, dont on protège l'existence coûte que coûte. L'enseignant-chercheur Nicholas Conard insiste sur cette évidence anthropologique :

C'est essentiel pour la démographie du groupe que les femmes soient en bonne santé. Perdre un homme n'est pas souhaitable, mais ce n'est pas si grave… En revanche, si les femmes et les enfants commencent à mourir : la situation devient très délicate !

Il y a de nombreuses façons de mourir au Paléolithique… Notamment lors de la mise au monde du bébé, considérée comme un moment délicat avant l'invention de la médecine moderne. En effet, depuis 7 millions d'années, la bipédie a réorganisé le bassin de la femme et modifié la mécanique de l'accouchement ; à cela s'ajoute le volume crânien du genre *Homo*, qui a augmenté au cours de notre évolution. Ces changements sont-ils pour autant des obstacles à la naissance d'un enfant ? Ces contraintes augmenteraient-elles les risques de mortalité de la mère et du nouveau-né lors de l'accouchement ?

Fortes têtes !

Chez les homininés qui vivaient il y a 2 millions d'années, on trouve un cerveau 20 % plus imposant que chez les grands singes. Mais cette taille demeure trois à quatre fois plus faible que celle des hommes actuels !

C'est ce que nous explique, moulages de crâne en main, le spécialiste mondialement reconnu Jean-Jacques Hublin, directeur du département Évolution de l'homme à l'Institut Max-Planck de Leipzig. Nous n'avons malheureusement pas retrouvé de cerveaux fossilisés datant de l'époque de Lady Sapiens. Mais les chercheurs peuvent avancer dans leur réflexion en analysant les crânes. Ces derniers deviennent les témoins indirects du fonctionnement du cerveau, organe essentiel à la compréhension de notre évolution. On a pu ainsi établir à quel point notre cerveau et son écrin osseux ont évolué rapidement au sein du genre *Homo*.

Pour rendre possible l'augmentation du volume cérébral sans accroître le risque de décès des mères au moment de l'accouchement, l'évolution nous a dotés d'un stratagème qui se cache dans notre squelette. Le crâne des nourrissons est exceptionnellement petit en proportion de la taille du crâne humain mature, et cette « disproportion est bien plus importante chez l'humain que ce que l'on observe chez les autres singes », fait remarquer le professeur Hublin. Tout en continuant de manipuler ses moulages, il pointe une autre singularité humaine :

> *Voilà un crâne de nouveau-né âgé de sept jours. C'est tout petit ! Il y a une multiplication par quatre de la taille du cerveau entre la naissance et l'âge adulte. Le cerveau, au moment de l'accouchement, ne fait que 23 % de sa taille mature ! Alors que chez les chimpanzés, à la naissance, un cerveau mesure presque 40 % de sa taille finale. Et chez les macaques, on monte à 70 % !*

En effet, si l'enfant naît avec un petit cerveau, sa croissance se fait essentiellement hors de l'utérus maternel et il n'atteint sa taille adulte que vers quatorze, quinze ans.

Une croissance extra-utérine d'une telle ampleur est typiquement humaine. Elle permet d'obtenir un volume crânien adulte plus important que chez n'importe quel autre primate et rend l'accouchement toujours possible. Évidemment, la taille du cerveau ne fait pas tout dans l'évolution des comportements humains :

*Il n'y a pas qu'un changement de taille du cerveau, mais également un changement d'organisation de celui-ci. Vers –300 000 ans, on arrive à une capacité cérébrale moyenne de 1 400 cm^3 : la taille actuelle chez l'adulte. Spécifiquement dans les lignées qui mènent aux hommes modernes actuels (*sapiens*), on constate que la boîte crânienne devient beaucoup plus globulaire. Ce changement s'accompagne d'une réorganisation du cerveau, surtout dans le cervelet. On pense qu'il est impliqué dans la production du langage, dans les interactions sociales et leur circuit de récompense.*

Ces éléments ont conduit l'être humain à devenir ce qui le définit pleinement aujourd'hui : un singe particulier, capable d'élaborer des symboles, des concepts, d'avoir des pensées abstraites, de fabriquer des outils et des machines, de tisser des liens et des réseaux d'échanges avec ses semblables… Ces caractéristiques cérébrales font aussi de nous des animaux ultra-sociaux. Elles constituent le terreau qui a permis la naissance des sociétés agraires, des civilisations et, aujourd'hui, la croissance de notre société ultra-connectée. Depuis la Préhistoire, notre évolution est encore en marche, et, comme le souligne le professeur Hublin, elle ne s'arrêtera qu'avec l'extinction de notre espèce. Ainsi, au « cours des derniers 10 000 ans, on assiste à une légère réduction de la taille du cerveau chez les *sapiens* ».

Cette réduction est liée au fait que le volume du cerveau est proportionnel à la taille ; or *Homo sapiens*, dans le Paléolithique supérieur européen, était très grand, avec une taille moyenne de 1,80 m pour les hommes.

DONNER LA VIE, UN PARI PAS SI RISQUÉ

La bipédie apparaît au sein de la famille des hominidés à laquelle nous appartenons. Les spécialistes s'interrogent encore sur l'identité de notre ancêtre le plus lointain qui se serait dressé sur ses pattes arrière de manière régulière. Parmi les candidats favoris, citons le Tchadien Sahelanthropus baptisé Toumaï (vieux de 7 millions d'années), le Kenyan Orrorin (datant de 6 millions d'années) et l'Éthiopien Ardipithecus ramidus (vieux de 4,4 millions d'années). Il est très difficile de départager ces prétendants au trône de premier bipède, les premiers à avoir défié les lois de la gravité. Au-delà des querelles d'experts, des empreintes de pas vieilles de 3,6 millions d'années découvertes en Tanzanie prouvent avec certitude que la marche est un héritage très lointain. Forte de ces millénaires de pérégrinations en position verticale, Lady Sapiens, au Paléolithique supérieur, est donc une parfaite bipède.

La station debout a bouleversé nos corps et nos comportements à l'échelle individuelle comme à celle de la société tout entière. Pourtant, les femmes ont été davantage bousculées dans leur vie car cette véritable révolution posturale a modifié considérablement leur bassin. July Bouhallier, docteure en paléontologie humaine et directrice de l'Institut de recherche et d'actions pour la santé des femmes, décrypte cette transformation :

Avec la pratique de la bipédie, le bassin s'est complètement réorganisé. Il est passé d'une forme en extension, propre aux primates non humains, à une forme qu'on dit en « pression », c'est-à-dire plus court et plus large, pour permettre de soutenir la position verticale.

Cette modification du bassin touche bien évidemment les deux sexes de notre espèce. Cependant, contrairement aux bassins masculins, ceux des femmes ne sont pas seulement des outils à marcher et des bols osseux servant à retenir les viscères. Les femmes l'utilisent aussi pour porter les enfants et donner la vie, et elles ont dû faire face à de nouveaux défis lors de leurs accouchements : « L'extrémité de la colonne vertébrale vient fermer le bassin, ce qui oblige le fœtus à passer dans un segment sinueux. Le mouvement du fœtus à l'intérieur de la cavité pelvienne afin de sortir du ventre de la mère s'en trouve donc modifié. »

Mais Lady Sapiens était tout à fait en mesure de surmonter ces modifications naturelles nées de l'évolution… Le corps de la femme ainsi que celui du bébé ont développé diverses solutions permettant à ce dernier de trouver le chemin vers la vie malgré ce changement morphologique important. D'abord, les os du bébé, notamment ceux de sa tête, ne sont pas encore soudés. Le crâne est en effet divisé en plusieurs plaques osseuses mobiles et les fontanelles, ces « espaces libres entre les os du crâne du bébé qui permettent aux différentes parties du crâne de se chevaucher au moment de l'extraction de l'enfant quand c'est un peu juste »...

Cet ingénieux stratagème de la nature s'accompagne d'un autre phénomène essentiel :

> *Les femmes en train d'accoucher produisent beaucoup de relaxine. C'est une hormone qui permet aux articulations d'être plus souples. Le bassin va donc s'assouplir, les différents os qui le composent vont s'écarter pour s'adapter à la taille de l'enfant et faciliter son passage.*

Lors de l'accouchement, la future mère peut également effectuer une série de gestes très intuitifs. Des ondulations du bassin permettent ainsi d'accompagner l'action de la relaxine pour « dénouer » les os du pelvis et accélérer aussi la dilatation du col. Mais pour se mouvoir en toute liberté, la position allongée, aujourd'hui adoptée de manière quasiment systématique dans les hôpitaux occidentaux, n'est pas la meilleure ; elle semble contre nature à July Bouhallier qui poursuit son explication :

> *La position allongée s'est développée en même temps que la généralisation de l'accouchement à l'hôpital.*

[...] Pourtant, les postures verticales sont bien plus avantageuses ! Elles permettent de mobiliser le bassin et notamment le sacrum qui ne peut pas bouger s'il est bloqué sur la table d'accouchement.

Les points positifs de la position debout sont nombreux et dépassent largement la seule libération du mouvement : « On profite de la gravité, on évite à la mère de nombreuses douleurs et on lui permet de mieux ventiler. »

Rester en position verticale est donc plus naturel, et les pratiques traditionnelles sont là pour le démontrer. Dans de nombreuses sociétés, les femmes accouchent aussi en position accroupie. Les actuelles chasseuses-cueilleuses n'auraient pas l'idée de se mettre sur le dos pour accoucher, et nos ancêtres – proches ou lointains – devaient suivre cette technique qui semble relever du bon sens :

Quand on remonte aux premières représentations d'accouchements, dès l'Antiquité, les femmes sont toujours en position verticale. Qu'elles soient à genoux, accroupies, debout... la verticalité est toujours présente !

Cette position permet même à la mère de conserver son autonomie et d'accoucher sans l'aide de sages-femmes, « à l'instar des femmes du peuple san du Kalahari, qui accouchent seules dans le désert », comme le rappelle l'anthropologue Michèle Coquet.

Pour réussir un accouchement, l'expérience et l'instinct de la parturiente devaient être déterminants. Toutefois, au sein d'une communauté aussi resserrée et solidaire que celle des humains de la Préhistoire, il est bien sûr possible d'imaginer que des femmes soient intervenues pour guider l'accouchée en cas de difficultés. Il est très probable que les techniques pour aider à la délivrance se soient répandues parmi la population féminine à force d'expériences personnelles. Nicholas Conard pense que les statuettes de Vénus ont pu jouer un rôle dans la transmission des savoirs féminins autour de la fécondité. Lorsqu'il évoque la Vénus de Hohle Fels, il voit en elle plus qu'un objet… Pour lui, il s'agit très certainement d'un support de discussions pratiques et symboliques au sein du gynécée paléolithique :

> *Le savoir associé à la reproduction humaine et à l'accouchement, mais aussi à bien d'autres aspects de la fécondité au sens large, a pu être transmis avec cet objet de génération en génération.*

Cette hypothèse de la « paléo-sage-femme » demeure toutefois invérifiable. En revanche, l'étude de l'évolution nous apprend avec certitude que l'anatomie de la femme est tout à fait adaptée pour donner la vie sans obstacle majeur : « On n'observe pas de morphologie du bassin qui serait prédictrice d'un décès maternel, fait remarquer July Bouhallier. En d'autres termes, il n'y a aucune forme de bassin – hors pathologie – qui pourrait empêcher l'accouchement. »

Si tel n'était pas le cas, nous ne serions pas là pour en discuter…

Mère de famille nombreuse ?

D'après Michèle Coquet, chercheuse en anthropologie culturelle, les femmes n'ont pas attendu les méthodes modernes de régulation des naissances pour garder le contrôle de leur corps. Elle évoque la parfaite connaissance du contrôle des grossesses chez les populations qu'elle a étudiées :

> *Les femmes savent très bien que dès que leurs règles s'arrêtent, c'est qu'elles portent un enfant. Elles maîtrisent leur cycle menstruel et leur fécondité. Elles pratiquent aussi l'abstinence lorsqu'elles ne désirent pas procréer.*

Pour le docteur Coquet, « les femmes sont maîtresses de leur fécondité. Elles connaissent des plantes abortives qui leur permettent de gérer leur maternité comme elles le souhaitent ».

La consommation de ce type de plantes était certainement en usage durant la Préhistoire, au vu des connaissances empiriques du monde végétal de nos ancêtres. Une pratique qui a traversé les siècles. Dans l'Antiquité, Plutarque souligne ainsi que l'observation éthologique de la chèvre a permis aux femmes de comprendre que la consommation de dictame – une herbe affiliée à l'origan – permettait d'expulser les jeunes fœtus de l'utérus. Les matrones ne se seraient alors pas privées d'imiter les caprinés sauvages pour faire passer des grossesses encombrantes. Soranos d'Éphèse mentionne également différentes méthodes à appliquer pendant les trente premiers jours de la grossesse afin de déloger le futur enfant… Certaines suggestions peuvent prêter à sourire, comme sautiller sur place ou boire du vin léger. D'autres peuvent s'avérer efficaces, car physiologiquement traumatisantes, comme « se faire ballotter en chariot » ou « procéder à des lavages purgatifs ». L'introduction d'une huile chaude et sucrée dans le vagin est aussi présentée comme une solution abortive efficacc.

Les médecins de l'Antiquité sont peu nombreux à s'insurger contre l'avortement, mais ils s'accordent sur le fait que des interventions plus précoces sont préférables pour la santé de la future mère : éviter que la fécondation ait lieu reste la solution idéale. L'usage de produits utilisés en application intravaginale est ainsi connu des anciens Égyptiens. Les composants épais et pâteux de ces préparations permettaient probablement d'obstruer au moins partiellement le canal utérin et de bloquer la progression des spermatozoïdes.

Malgré toutes ces précautions, il arrivait bien sûr qu'une grossesse non désirée aboutisse… Michèle Coquet explique alors que, lorsque la grossesse n'a pu être évitée ou écourtée, les femmes des sociétés traditionnelles peuvent avoir recours à l'infanticide :

> *Les Sans du Kalahari accouchent seules dans le désert et décident seules de la vie ou de la mort du bébé qu'elles viennent de mettre au monde… Ça ne veut pas dire que c'est une décision qu'elles prennent sans douleur, même si évidemment leur choix se fait aussi en fonction des circonstances de vie dans le groupe.*

Malgré toutes les stratégies de régulation des naissances à sa portée, Lady Sapiens a-t-elle décidé de devenir une mère de famille nombreuse ? La peinture pompière, notamment à travers des œuvres comme « Les deux mères » de Léon Maxime Faivre, a imprimé dans nos rétines l'image d'une femme préhistorique entourée de nombreux enfants accrochés à ses seins. Cette image est-elle biaisée ? Les familles nombreuses étaient-elles souhaitables – et surtout gérables – pour les chasseurs-cueilleurs du Paléolithique supérieur ?

Le mode de vie de nos ancêtres était peu propice à la prolifération de la progéniture… Ils devaient faire face à des contraintes physiques nombreuses. Tout d'abord, le travail quotidien impliquait des déplacements à courte et moyenne distance. Mais il fallait surtout faire preuve d'une mobilité importante pendant les migrations saisonnières entre les différents campements. Michèle Coquet rappelle d'ailleurs que, chez les chasseurs-cueilleurs actuels, « les maternités sont espacées de quatre à cinq ans. Leur mode de vie exigeant impose une régulation des naissances… ».

Jean-Jacques Hublin lui non plus ne trouve « pas très réaliste d'imaginer des familles nombreuses. La fertilité générale des femmes est plus faible au Paléolithique qu'à partir du Néolithique ».

Avoir un enfant n'est pas seulement affaire de biologie et d'environnement. C'est une décision qui résulte de choix personnels autant que culturels. Alors, combien d'enfants Lady Sapiens choisissait-elle de faire grandir dans sa famille ? Il y a encore quelques années, il aurait été très ambitieux d'espérer apporter une réponse. Mais les avancées de la science et l'ouverture de champs d'investigation inédits rendent désormais possible de rompre ce silence. Et ce, en particulier grâce aux recherches menées par Vincent Balter, un chercheur du CNRS affilié à l'École normale supérieure de Lyon.

Les découvertes sur l'allaitement et le sevrage

Vincent Balter est spécialiste des isotopes du calcium. C'est grâce à cette analyse qu'il a pu préciser l'âge du sevrage des enfants australopithèques et *Homo erectus,* ce qui peut nous éclairer sur les périodes suivantes.

Chaque objet – un brin d'herbe, un morceau de viande ou une goutte d'eau –, composé de carbone, d'hydrogène et d'une foule d'autres éléments chimiques, contient une signature bien particulière en fonction de sa composition isotopique. Ainsi, chaque aliment ingéré par un animal ou un homme va laisser en lui sa signature isotopique, le marquer en quelque sorte dans sa chair, ses os et ses dents. Et il est possible de détecter ces éléments longtemps après la mort de l'individu. Le carbone, le strontium et le calcium sont particulièrement intéressants : le premier permet de dater les restes osseux d'un individu (c'est le fameux carbone 14), le deuxième, son origine géographique, et le troisième, la durée de son allaitement dans sa tendre enfance.

Comme les dents enregistrent les taux de calcium au fur et à mesure qu'elles croissent, on peut mesurer ces taux en faisant des micro-prélèvements sur la couronne d'une dent de haut en bas pour suivre l'évolution de sa croissance. Vincent Balter peut ainsi repérer la période de sevrage, lorsque l'enfant abandonne le lait maternel pour adopter une alimentation plus variée.

Le lait maternel présente d'ailleurs des spécificités qui rendent la période d'allaitement très visible lors de l'étude de l'ivoire dentaire. Vincent Balter en a percé les secrets :

> *Les isotopes du calcium du lait maternel ont une signature très particulière et unique. Mesurer le taux de calcium maternel à différents endroits de la dent, donc à différents âges de sa croissance, nous permet donc de récolter des données sur l'âge du sevrage.*

Le résultat tend à montrer que la durée de l'allaitement était relativement longue, compatible avec ce qui se pratique chez les populations non industrialisées. Vincent Balter estime que ce comportement humain est ancien :

> *Pour les* Homo erectus *datant de 2 millions d'années, on a retrouvé ces signatures caractéristiques du lait jusqu'à l'âge de quatre ans, ce qui montre que les petits enfants étaient longtemps dorlotés par leurs parents. Entre 2 millions d'années et le Paléolithique supérieur, il y a donc peu de chances que les besoins de l'enfant aient été moindres.*

Pour mener son enquête, il a effectué ses études isotopiques sur des dents de lait d'Australopithèques (3 millions d'années), de Paranthropes, espèces apparentées aux Australopithèques mais plus robustes (3 millions d'années), d'*Homo erectus* (2 millions d'années), de singes actuels et d'humains modernes.

Des analyses complémentaires vont prochainement être réalisées sur des dents du Paléolithique supérieur (–40 000 à –10 000 ans). Sur ces sentiers, l'aventure scientifique ne fait que commencer… Toutefois, il est peu probable que le rythme d'allaitement de Lady Sapiens ait été très différent de ce qui a été observé pour *Homo erectus*. Il est au contraire « raisonnable de supposer que ce schéma est resté constant à partir du moment où effectivement le cerveau n'a pas arrêté de croître », estime Vincent Balter.

Le sevrage du petit *sapiens*, autour de trois, quatre ans, intervient néanmoins plus tôt que chez nos cousins les grands singes, lesquels nourrissent leurs petits jusqu'à l'âge de huit ans, mais d'une manière bien différente. En effet, les petits gorilles, chimpanzés ou orangs-outans, pour ne citer qu'eux, se nourrissent très rapidement seuls, sans toutefois se priver de venir de temps à autre téter le sein maternel. La diversification alimentaire arrive donc très tôt chez ces espèces.

Le résultat de l'étude n'a d'ailleurs pas étonné les spécialistes, car l'allaitement long comporte de nombreux avantages pour des populations traditionnelles. Tout d'abord, le lait constitue une alimentation saine et riche pour les bébés *sapiens*. Ensuite, l'allaitement permet de bloquer la fertilité et de reproduire les effets d'un moyen de contraception chimique moderne. Les femmes ne tombant enceintes que rarement pendant la lactation, le prolongement de la tétée est un outil supplémentaire pour réguler les naissances.

Comme les mères n'enfantent généralement pas durant l'allaitement, connaître l'âge au sevrage permet d'estimer la durée écoulée entre chaque grossesse. Vincent Balter, par un simple calcul, peut donc affirmer que les femmes étaient loin d'être des mères de familles très nombreuses :

Les femmes du Paléolithique pouvant procréer jusqu'à trente ans environ, si on compte un allaitement pendant deux à trois ans, et un premier enfant autour de quatorze ans, cela nous donne au maximum cinq ou six naissances par femme.

Voilà qui constitue une moyenne raisonnable – sans compter la forte mortalité des enfants en bas âge – qui permettait à Lady Sapiens et ses congénères d'élever leurs petits dans des conditions confortables. D'autant que les enfants vont s'épanouir et être éduqués par l'ensemble du groupe, comme nous le révèle Jean-Jacques Hublin, qui a travaillé avec la sociobiologiste américaine Sarah Blaffer Hrdy, pionnière de la psychologie évolutionniste.

L'HUMAIN, CE « REPRODUCTEUR COOPÉRATIF »

Le fait que la croissance du cerveau se fasse pour partie après la naissance a une conséquence très importante sur le développement de l'enfant : le nouveau-né puis le jeune enfant perçoivent le monde extérieur et interagissent avec les membres de leur groupe. Cette maturation de l'encéphale en milieu social augmente et développe les capacités cognitives des petits humains. Et ils font preuve d'un incroyable potentiel à tirer parti de leur environnement pendant l'enfance ! « Il y a papa, maman, le chien… On parle autour de vous… Il y a toutes sortes de stimuli qui vont influer sur la mise en place de connexions cérébrales ! » détaille Jean-Jacques Hublin.

C'est durant cette période de la vie, jusqu'à l'âge de cinq ou six ans, que de nombreuses stimulations sociales se produisent, et c'est aussi à ce moment-là que l'enfant a besoin de toute l'attention de ses proches. Afin d'obtenir l'aide de sa mère, il peut compter sur une hormone très médiatisée depuis quelques années : l'ocytocine. « Au moment de l'accouchement, et juste après, les mères baignent dans l'ocytocine : c'est une hormone qui va favoriser le comportement d'attachement. »

La proximité corporelle avec la mère – renforcée par l'allaitement – facilite l'émergence d'un amour qui deviendra d'autant plus fusionnel que le petit va envoyer des signaux forts à sa mère pour lui montrer son désir de contact. Ce n'est pas uniquement pour recevoir des câlins, qui favorisent le développement de sentiments d'affection, mais aussi et surtout parce que sa survie est en jeu. Il est en effet loin d'être autonome pour s'alimenter, et il va jouer tous ses atouts pour obtenir de quoi se nourrir. Il se sert ainsi de tout un arsenal de mimiques et montre une habilité bien particulière à décoder ce qu'on appelle « la communication non verbale ».

Même après le sevrage, l'enfant reste dépendant du groupe... C'est pour ça qu'il faut qu'il apprenne à attirer l'attention des autres et qu'il doit très vite comprendre les intentions des individus qui se trouvent autour de lui.

Pour nourrir cette communication, l'enfant va procéder par imitation de son entourage. Il va porter une attention toute particulière aux visages des proches et, malgré une vue approximative, il sera capable de reconnaître le visage de sa mère dès le deuxième mois !

L'enfant est en effet un observateur hors pair : les éthologues et les psychologues ont établi que les jeunes enfants se focalisent beaucoup plus sur les comportements des autres membres de leur groupe que les jeunes singes. La lecture des émotions des adultes est d'ailleurs plus aisée chez les humains que chez les animaux. « Les humains ont un blanc d'œil très imposant, explique Jean-Jacques Hublin, ce qui rend lisible l'orientation de notre regard, alors que chez les singes ce sont les mouvements de tête qui sont perçus car leur œil manque de blanc. »

Se fier au mouvement de l'œil permet de lire de manière beaucoup plus subtile les intentions – parfois cachées – de nos congénères. Cette meilleure compréhension des arrière-pensées des autres entraîne une socialisation plus rapide et favorise les échanges avec le groupe. Pour l'enfant, ces interactions vont s'appuyer sur un désir que l'on rencontre fort peu chez les singes (mis à part chez les ouistitis) : celui de plaire à autrui. Il est vrai que susciter un sentiment positif chez l'adulte est une question de survie pour l'enfant, tandis que « chez les autres grands singes, une fois que le petit est sevré, il peut se nourrir seul, rappelle l'anthropologue américaine Kristen Hawkes. Ce n'est pas le cas chez les humains ! Même sevrés, les enfants sont dépendants de leur entourage ».

Le petit *sapiens* va donc faire appel à l'émotion, puis avoir des comportements altruistes dès qu'il sera suffisamment grand pour comprendre que ceux-ci sont valorisés par la communauté. Les sociologues ont ainsi repéré que les enfants partagent très facilement leurs aliments avec les autres. Les tout-petits ont compris l'importance fondamentale du partage pour créer un lien de confiance durable !

Pour mener à bien l'éducation d'un enfant *sapiens*, l'aide de l'entourage est bien sûr la bienvenue et, là encore, l'évolution s'est mise au service des petits humains en distribuant l'attachement largement autour d'eux et pas seulement chez leur mère.

Les humains font partie des rares espèces de « reproducteurs coopératifs ». Derrière ce terme fort peu romantique se cache un investissement du couple et du groupe tout entier dans l'éducation des petits. Chez *Homo sapiens*, « emmener un enfant à l'âge adulte n'est plus la charge de la mère uniquement, c'est un projet collectif qui implique plusieurs membres du groupe », explicite Jean-Jacques Hublin.

D'autres espèces du règne animal partagent avec nous ce mode de fonctionnement : les hyènes et certains primates sont autant de reproducteurs coopératifs. Mais ce type d'organisation est loin d'être majoritaire dans le règne animal, et aucune espèce n'a poussé ce système aussi loin que la nôtre.

La participation du groupe pour maximiser les chances de survie de la progéniture passe par l'assistance portée à la mère lors des premiers mois de l'allaitement, par sa protection, mais aussi par sa prise en charge alimentaire, partielle ou totale, lors des premiers mois de la vie de son nouveau-né. Certains chercheurs estiment que cette prise en charge des enfants et de leur mère commence avec *Homo erectus*, il y a 1,8 million d'années.

À partir d'un certain âge, tous les autres membres du groupe peuvent alimenter l'enfant par le prémâchage, que les ethnologues ont observé chez les tribus de chasseurs-cueilleurs actuels.

La garde d'enfants est aussi un service que peuvent rendre les différents membres de la communauté. Ce comportement est également connu chez certains singes, par exemple chez les mères chimpanzés, qui se partagent la garde de leurs petits… Et tout comme chez les humains, de solides références sont exigées ! Chez les singes, les « nounous » sont jugées d'autant plus efficaces qu'elles ont déjà fait l'expérience de la maternité elles-mêmes.

Mais ne croyons pas que l'instinct de protection soit réservé aux femmes. Les hommes, suivant l'exemple de certains chimpanzés mâles qui adoptent des orphelins, sont capables de s'investir non seulement pour leurs enfants, mais également pour des petits extérieurs à leur cercle familial proche. La cause de cette attitude est encore à chercher du côté de l'hormone de l'attachement :

Il n'y a pas que les femmes qui produisent l'ocytocine ! Les hommes aussi la sécrètent. On se rend compte de son influence sur les pères, les grands-pères... et les grand-mères, bien sûr !

À propos de ces parents proches, il faut évoquer l'un des tout premiers bouleversements silencieux de notre histoire : « la révolution des grand-mères »...

Les grand-mères entrent dans l'histoire

En les voyant travailler sous le soleil pendant des heures et des heures, récolter des plantes, faire tous ces mouvements tellement physiques, j'ai réalisé combien le travail qu'elles effectuaient était pénible ! Et en regardant les données temporelles précisément, je me suis aperçue qu'elles en faisaient plus que tous les autres membres du groupe !

Tout a commencé quand Kristen Hawkes, professeure émérite à l'université de l'Utah, a observé les activités des

Hadza de Tanzanie, et que son attention s'est plus spécialement portée sur les femmes ménopausées.

Avec son acolyte Sarah Hrdy, Kristen Hawkes a choisi de parler de ces femmes comme des « grand-mères ». Ce terme désigne la catégorie des femmes ayant déjà enfanté mais n'étant plus en mesure de le faire. Une population très importante tant socialement que numériquement. En effet, « il suffit d'observer la structure des âges dans les groupes humains modernes : un tiers des femmes de la population ne sont plus fertiles… ».

Chez les humains modernes, certes, mais les grand-mères étaient-elles nombreuses au Paléolithique supérieur ? Kristen Hawkes propose de revenir sur nos idées reçues concernant l'espérance de vie pour construire une vision plus réaliste du passé :

Lorsque l'on regarde l'espérance de vie dans les populations anciennes, on a l'impression que les gens mouraient jeunes... mais il ne faut pas oublier qu'il s'agit là d'un calcul mathématique visant à établir une moyenne fortement influencée par les nombreuses morts infantiles et les accidents chez les hommes dont les activités étaient dangereuses. Ces décès diminuent grandement l'estimation de l'espérance de vie. Car en réalité, il y avait bien des grand-mères pendant la Préhistoire, comme le démontrent certaines sépultures ! On ne mourait pas forcément tôt et il y avait bien des femmes ménopausées dans la population.

Sophie A. de Beaune précise cette subtilité des statistiques démographiques :

Ce qui différait était la probabilité d'atteindre un âge avancé, qui était bien moindre qu'aujourd'hui, mais, passé la petite enfance et l'âge des accouchements pour les femmes, les gens pouvaient avoir bon espoir de vivre vieux. Une fois parvenu à l'âge adulte, un homme ou une femme en bonne santé pouvait espérer vivre soixante ans.

En effet, la ménopause n'est pas un artefact des sociétés post-industrielles, comme on peut le lire parfois. Les femmes connaissent la ménopause dans les sociétés non industrialisées, et il n'y a pas de raison qu'elles ne l'aient pas connue aussi pendant la Préhistoire. Pour Kristen Hawkes, la ménopause, une exception chez les mammifères, que les femmes partagent seulement avec certains cétacés, permet d'expliquer l'accroissement de notre longévité.

On s'est alors posé la question : pourquoi la période pendant laquelle nous pouvons faire des enfants est-elle si courte ? Pourquoi la survie des femmes après l'arrêt de leurs fonctions génitrices est-elle si longue ?

La réponse tend à valoriser les femmes mûres : c'est parce que les femmes ménopausées ont un rôle capital à jouer dans la survie des plus jeunes sujets du groupe. L'arrêt de la fertilité bien avant l'âge de la mort constitue clairement un avantage évolutif. Une femme ayant encore une ou plusieurs décennies de vie devant elle mais qui n'enfante plus pourra investir son énergie dans la survie de ses propres enfants et petits-enfants.

Même sevrés, les enfants doivent compter sur leur entourage pour se nourrir. Ils sont dépendants de leur mère d'abord... jusqu'à ce que celle-ci ait un nouvel enfant. Alors, ce sont les femmes ménopausées qui deviennent les pourvoyeuses de nourriture pour les enfants de leur fille. Ou de leur belle-fille : ça fonctionne aussi ! S'appuyer sur l'aide des grand-mères permet donc à une femme de procréer plus souvent, car elle sait que son dernier enfant sera pris en charge par les anciennes.

En portant assistance à une génitrice de ce fait plus sereine et plus productive, les grand-mères ont assuré la perpétuation de leurs propres gènes... Il est bien plus avantageux de bâtir une lignée de reproductrices s'appuyant les unes sur les autres que d'enchaîner les grossesses seule, en risquant de mourir et de laisser sur les bras du groupe un enfant trop jeune pour être autonome.

Notre étude montre que les femelles qui survivent longtemps après leur ménopause ont une descendance plus nombreuse. La logique est implacable !

Chez les primates non humains, les femelles dont les fonctions génitrices sont déclinantes sont souvent délaissées par le groupe et meurent rapidement après leur ménopause.

Leurs conditions de vie se dégradent parce qu'elles n'arrivent plus à trouver une place active dans le groupe… « Si les femelles ménopausées ont des espérances de vie bien plus élevées chez les humains que chez les singes, c'est parce qu'elles sont un véritable bénéfice pour le groupe chez nous… Dans le règne animal, rien n'est gratuit », ajoute Jean-Jacques Hublin. Les humains ont probablement instauré une protection accrue des anciennes, en contrepartie de tous les services rendus par ces femmes âgées, mouvement parfois qualifié d'« empathique » par les archéologues.

Sapiens a en effet su tirer parti de ces femmes au bénéfice de tous en leur attribuant une grande part de responsabilité dans l'acquisition de nourriture. Elles sont même des pourvoyeuses de calories plus importantes que les hommes, si l'on en croit les statistiques mises en évidence chez les Hadza. En effet, les femmes d'un certain âge rapportent 30 % des ressources nutritionnelles alors que les hommes n'en fournissent que 5 %. Elles rapportent certes moins de protéines, mais ce sont des pourvoyeuses sur qui l'on peut compter. N'oublions pas que, comme nous le rappelle Kristen Hawkes, « lors de la chasse au gros gibier, les chances d'obtenir un succès tous les jours sont très faibles ! Pour avoir un apport alimentaire régulier, il est beaucoup plus sûr de compter sur la cueillette et la traque des petites proies… ».

Ces femmes âgées ne sont donc pas un poids pour leur groupe, mais bien un atout ! Qui plus est, « les anciennes ont pu être une source d'apprentissage et de savoir considérable. Nous sommes des élèves insatiables et nos gros cerveaux sont là pour apprendre régulièrement et longtemps ».

Raison de plus pour que le groupe consacre son énergie à leur survie.

En effet, la transmission de savoirs complexes exige du temps… Du point de vue de l'évolution, les femmes aimantes et savantes voient donc leur survie favorisée car le savoir qu'elles transmettent aux plus jeunes est bénéfique à l'amélioration des conditions de vie de tous.

Mais quand tout cela a-t-il commencé ? Quand la révolution des grand-mères a-t-elle changé le cours de notre évolution ? Kristen Hawkes, tout en concédant ne pas pouvoir donner une chronologie précise, estime que cette mutation profonde « prend source bien avant que nous ne devenions des *sapiens* ! C'est à chercher dans les racines du genre *Homo*, il y a peut-être 2 ou 3 millions d'années ».

Ces recherches en anthropologie éclairent d'un jour nouveau ce qui nous a fait devenir ce que nous sommes. Au fondement de notre humanité, c'est donc l'empathie, le partage et la collaboration qui ont permis le développement de notre espèce, de notre intelligence, de notre culture et de nos échanges. C'est ainsi que *sapiens* s'est imposé sur la planète aux dépens des autres espèces et a acquis une place à part.

Pendant des milliers d'années, Lady Sapiens et ses comparses ont été des mères et des grand-mères influentes. Et telle une *working girl* des temps préhistoriques, la femme a également su marquer de son empreinte le monde du travail de ces sociétés paléolithiques, au même titre que le prétendu tout-puissant homme chasseur !

Chapitre 6

*

Des femmes sur tous les fronts

Il n'est pas aisé pour nos contemporains d'envisager les tâches quotidiennes de nos ancêtres… La notion de « travail » dans les sociétés traditionnelles est d'ailleurs radicalement différente de la nôtre. Difficile pour les Occidentaux que nous sommes d'imaginer un système de production où le temps n'est pas monnayable et où la durée du travail n'est pas strictement planifiée. Les humains du Paléolithique étaient sans doute bien éloignés de ces préoccupations. Et les horaires de travail des chasseurs-cueilleurs actuels, mesurés par les anthropologues, fournissent quelques indications. Les Kungs du désert du Kalahari, en Namibie, n'emploient en effet que douze à dix-neuf heures par semaine à la recherche de nourriture. Voilà qui leur laisse beaucoup de temps pour créer des objets d'artisanat aussi efficaces qu'élégants, s'exprimer à travers l'art, se raconter des mythes au coin du feu et interagir avec leurs proches sans se préoccuper des heures qui passent. Ce mode de vie a probablement été embrassé par les humains de la

Préhistoire, leur laissant ainsi toute latitude pour accoucher de l'incroyable richesse culturelle qu'ils nous ont léguée.

Dans les groupes de chasseurs-cueilleurs du Paléolithique supérieur, cohésion et solidarité devaient être des valeurs essentielles à la survie de ces petites communautés humaines. Et chacun, homme ou femme, devait s'inscrire dans une dynamique coopérative pour la bonne marche du quotidien.

Dans l'imaginaire collectif, la chasse demeure l'activité reine de la Préhistoire, l'homme étant présenté comme le pourvoyeur de viande fraîche par excellence. La théorie de « l'homme chasseur », telle qu'elle fut présentée en 1966 lors du colloque du même nom (« Man the Hunter ») par les chercheurs américains Richard B. Lee et Irven DeVore, a renforcé cette image populaire. Nos investigations pour retrouver les activités et les gestes des femmes de la Préhistoire nous ont révélé un tout autre tableau des occupations quotidiennes de nos ancêtres : une palette d'activités d'une variété insoupçonnée, au cœur de laquelle la chasse occupe un rang certes important, mais pas aussi prédominant qu'on a bien voulu nous le faire croire. La recherche de la nourriture était l'affaire des deux sexes. Mais les femmes, comme nous allons le voir, y jouaient un rôle majeur. Quant au temps restant, lorsque la chasse ou la collecte avaient été prolifiques, il était le plus souvent dédié à des tâches domestiques fondamentales et à un artisanat où, là encore, les femmes ne manquaient pas de s'illustrer.

Et n'allez pas croire que la maternité constituait un frein à la participation des jeunes mères à la vie de la tribu ! L'ingéniosité était déjà de mise pour se libérer les bras. Cette première émancipation réside dans un outil révolutionnaire pour le Paléolithique supérieur : le porte-bébé.

Mains libres, femmes libres

Accrocher son bébé dans le dos pour libérer les mains permet en effet à la mère de se rendre de nouveau disponible pour les activités du groupe sitôt les troubles liés à l'accouchement passés. Francesco d'Errico explique que ces premiers porte-bébés de l'histoire de l'humanité ont été représentés sur une plaquette en pierre retrouvée sur le site paléolithique de Gönnersdorf, en Allemagne :

> *Dans leurs cabanes, les chasseurs-cueilleurs magdaléniens utilisaient des plaquettes de schiste pour créer un sol pavé. Sur deux d'entre elles, ils ont gravé des animaux et sur d'autres des représentations féminines. Le nombre de femmes dessinées ici est impressionnant ! On recense quatre cents représentations féminines sur quelque cent vingt plaquettes retrouvées sur le sol !*

Une telle profusion d'œuvres d'art piétinées suscite l'étonnement, mais le préhistorien Romain Pigeaud avance une explication :

Ces plaquettes ornées semblent réutilisables et recyclables. Il est possible qu'on les ait gravées au cours de cérémonies... Puis on les jetait lorsqu'on n'en avait plus besoin, on les utilisait comme pierres de foyer ou pierres de pavage... Et puis on les reprenait plus tard pour faire une nouvelle gravure !

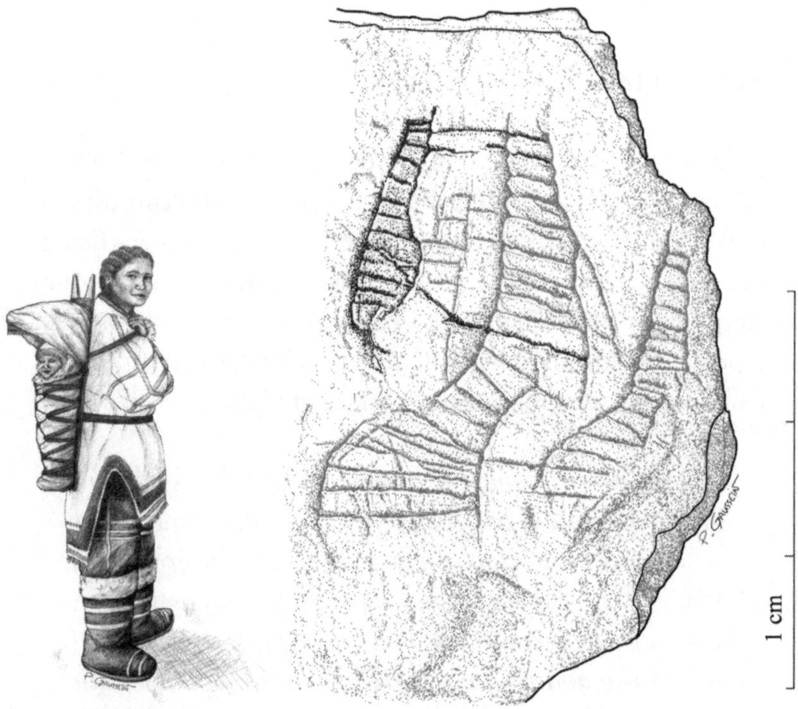

À gauche, reconstitution d'un porte-bébé inspiré des données ethnographiques amérindiennes.
À droite, une des plaquettes de Gönnersdorf (Allemagne) montre une femme (figure centrale) avec un porte-bébé sur le dos (en haut à gauche).

En regardant attentivement ces plaquettes découvertes par Gerhard Bosinski, Francesco d'Errico nous fait remarquer la présence d'une gravure de porte-bébé :

> *Il y a une plaquette sur laquelle on voit clairement une femme avec un porte-bébé dans le dos. Cet instrument ressemble à ceux de certains Indiens d'Amérique. C'est une structure rigide, séparée du dos de la porteuse. Il est possible que les porte-bébés aient été décorés, car on voit quelques gravures sur cet exemplaire.*

Ces hottes pour nourrissons constituent une invention bien pratique pour les chasseuses-collectrices du Paléolithique. Romain Pigeaud ne s'étonne pas de l'existence de ce type d'artefacts : « Dans les sociétés traditionnelles, la femme n'est pas accaparée par ses enfants : elle sait les gérer ! L'image de la femme au foyer coincée dans sa tâche de mère est beaucoup plus récente et semble difficilement applicable à la Préhistoire. »

« Femme active, la femme préhistorique ? Certainement ! De toute façon, elle n'avait pas tellement d'autres choix ! » renchérit l'ethnologue Michèle Coquet. En effet, pour un membre clef du groupe comme Lady Sapiens, rester éloignée des activités du camp ne devait pas être envisageable. La femme de la Préhistoire endossait de nombreux rôles, faisant d'elle une *working girl* avant l'heure.

À l'image des grand-mères hadzas observées par Kristen Hawkes dans le bassin du lac Eyasi, en Tanzanie, les femmes préhistoriques auraient donc été des forces essentielles au groupe… Mais à quoi s'affairaient-elles exactement ? Lorsque l'on tente de connaître la répartition des différentes tâches quotidiennes au sein des groupes humains de la Préhistoire, on se heurte très rapidement à un concept très controversé, celui de la division sexuelle du travail…

À LA RECHERCHE DES ACTIVITÉS FÉMININES

Cette théorie anthropologique est aussi vieille que la discipline elle-même. À partir de l'observation de certaines populations non occidentales – mais tout en conservant à l'esprit le modèle social européen de la fin du XIXe siècle –, les ethnologues, et les préhistoriens à leur suite, ont avancé l'idée que les femmes et les hommes ne pratiquaient pas les mêmes activités. Certains arguent même que les capacités psychomotrices et cérébrales seraient distribuées naturellement en fonction des sexes, et qu'au cours des siècles les sociétés humaines auraient érigé des normes pour systématiser l'accès à une activité à l'un ou l'autre genre. Cette assertion a pris du plomb dans l'aile depuis quatre décennies de recherche en sociologie du travail. Mais la Préhistoire reste un terrain d'exploration chargé d'inconnu quand il s'agit de déterminer qui faisait quoi dans le campement de Lady Sapiens. Les femmes préhistoriques étaient-elles cantonnées à certaines activités ?

La réponse est loin d'être évidente. Les activités des femmes sont en effet complexes à retrouver par le biais des analyses archéologiques, parce qu'un outil ou une pointe de flèche révèlent difficilement au chercheur le sexe de son créateur et de son utilisateur.

Le comparatisme ethnographique a donc souvent été utilisé pour répondre à cette interrogation, mais selon une méthode discutable… Au lieu d'explorer toutes les populations étudiées et de fournir des statistiques précises, les premiers préhistoriens se sont laissés impressionner par un faible nombre de populations dont l'aura était dominante. Ainsi, les Inuits ont été particulièrement mobilisés pour proposer des hypothèses sur les modes de vie des groupes préhistoriques en raison de leur importante consommation de viande et de la forte division sexuelle du travail qui caractérise leur société. On a eu tôt fait de les comparer à nos ancêtres, considérés comme de gros mangeurs de viande qui reléguaient la femme au foyer. Certains chercheurs sont encore fortement accrochés à cette théorie et insistent sur le « bon sens » qui consiste à ne pas mettre en danger les femmes lors de parties de chasse dont l'issue est souvent incertaine, voire fatale. Pourtant, on sait aujourd'hui que, même chez les Inuits, les rôles des hommes et des femmes n'étaient pas si marqués : il leur arrivait même de les inverser. Lorsqu'il n'y avait pas de garçon dans une famille, une des filles endossait le rôle d'un garçon, et vice versa.

Marian Vanhaeren, du laboratoire PACEA de Bordeaux, souligne toutefois qu'« il y a une différence biologique entre hommes et femmes. Et on retrouve ces traits biologiques dans les rôles sociaux attribués à chacun ». Les capacités physiques différenciées des hommes et des femmes rendraient leurs actions respectives plus efficaces en fonction des tâches qui leur étaient confiées.

Mais tous les chercheurs n'adhèrent pas à cette idée d'une division sexuelle du travail, à l'instar de Marylène Patou-Mathis : « Je penche plutôt pour une répartition des tâches en fonction des aptitudes, des compétences. Et des goûts aussi, pourquoi pas ! J'imagine ainsi davantage une gestion raisonnée de la répartition des tâches pour un maximum d'efficacité... mais aussi pour une meilleure ambiance collective. »

Les méthodes d'investigation sur les objets archéologiques deviennent de plus en plus précises et la science avance, offrant une meilleure visibilité sur la gestion des tâches quotidiennes. Voilà qui nous permet d'affiner notre regard sur les activités des femmes de la Préhistoire, de visualiser au plus près ce que fut leur quotidien. C'est là une des grandes surprises de notre enquête.

Le corps a une mémoire, et l'étude des ossements autorise une reconstitution des activités physiques des humains préhistoriques. Pour qui sait aujourd'hui décrypter une simple trace sur une dent ou sur un orteil, le quotidien de Lady Sapiens se dévoile avec force et précision. Une investigation particulièrement poussée sur l'usure des os de squelettes féminins retrouvés sur un site archéologique du Proche-Orient a même permis de reconstituer leur posture au travail !

Parmi les activités quotidiennes qui ont suscité l'intérêt des chercheurs, intéressons-nous d'abord à la plus emblématique de la Préhistoire : la chasse.

Chasseresse ou collectrice ?

Comme nous l'avons déjà dit, la femme a traditionnellement été écartée de la chasse dans les modèles brossés par les premiers préhistoriens, qui estimaient que cette activité était trop dangereuse et demandait une force physique qu'ils jugeaient incompatible avec la féminité… excluant ainsi les femmes du processus d'hominisation, dont la chasse apparaissait alors comme le pilier fondateur.

Pourtant, notre enquête dévoile que les femmes de la Préhistoire étaient douées d'une forte musculature, et qu'elles étaient bien plus puissantes que la plupart des femmes *sapiens* qui peuplent actuellement notre planète. Leurs activités ont marqué leur squelette autant que ceux des hommes. Cependant, Sébastien Villotte indique que, sur l'échantillon d'individus qu'il a étudié, ces marqueurs d'activités n'étaient pas identiques. Ce qui indique que les muscles n'étaient pas sollicités de la même manière entre les deux sexes : « On constate une asymétrie largement supérieure chez les hommes, et préférentiellement du côté droit. C'est un bon indicateur d'une division genrée des activités. On en déduit des activités unimanuelles préférentiellement faites par des hommes. »

Ces activités unimanuelles, effectuées d'un seul bras – le gauche ou le droit –, ont entraîné des pathologies particulières. Pour le chercheur, certaines d'entre elles sont caractéristiques du lancer. Mais la forte sollicitation d'un seul bras peut être mise en œuvre lors de nombreuses activités, comme la taille du silex par percussion, l'utilisation de haches ou d'herminettes et, bien sûr, le maniement des armes de chasse.

Jona Aigouy, championne de France 2020 de lancer de javelot dans la catégorie espoirs, témoigne des similitudes entre la pratique de son sport et le maniement du propulseur, un instrument révolutionnaire du Paléolithique supérieur :

J'ai pu tester le lancer au propulseur, et il y a de grandes ressemblances avec le lancer de javelot. Voilà pourquoi on peut retrouver les mêmes pathologies sur les fossiles de la Préhistoire et sur les lanceurs de javelot actuels !

Le lancer d'armes est une activité qui demande une grande habileté, mais également une résistance musculaire et tendineuse mise à rude épreuve par les techniques de propulsion… Sur le tartan de son terrain d'entraînement au CREPS[1] de Saint-Raphaël, Jona Aigouy, très au fait des enjeux physiques de la pratique de son art et des traumatismes qui l'ont meurtrie dans sa chair, en explique le principe :

On utilise le réflexe mutatique. Ça consiste à étirer le muscle au maximum pour créer une contraction involontaire. Pour cette raison, le lancer de javelot est une discipline très traumatique. On retrouve fréquemment des blessures à l'épaule et au coude : des tendinites, des pathologies de type nerveuse.

1. Centre de ressources, d'expertise et de performances sportives.

Jeune femme tirant une sagaie à l'aide d'un propulseur.

Heureusement pour les archéologues, ces pathologies affectant les tissus mous altèrent aussi les os auxquels ils sont rattachés. Sébastien Villotte repère ainsi de petits arrachements osseux qui apparaissent à la suite de blessures au niveau des articulations du coude de nos ancêtres du Paléolithique… Dans le corpus qu'il a étudié, ces blessés se révèlent être des hommes dans 95 % des cas. Un élément intéressant, mais qui ne permet cependant pas d'affirmer que seul l'homme était chasseur. Et c'est avec une sagesse toute statisticienne que Sébastien Villotte ajoute : « Nous disposons finalement de peu de squelettes de cette période… Et ce qui était vrai pour l'ouest de l'Europe à la fin du Paléolithique supérieur n'était peut-être pas la norme ailleurs ! »

La majorité des archéologues et des anthropologues soutiennent désormais cette position, comme le rapporte Michèle Coquet : « Ailleurs dans le monde, les tâches sont assez équitablement réparties… La distinction de catégorie entre “homme chasseur” et “femme collectrice” n’est pas si franche que cela. Les femmes peuvent tout à fait être amenées à tuer du gros gibier. »

De récentes découvertes sud-américaines – au retentissement médiatique exceptionnel – semblent lui donner raison. Nous sommes au Pérou, à 3 925 m d’altitude, dans le district de Puno. Le site archéologique de Wilamaya Patjxa a été occupé par les humains autour de 8 000 ans avant le présent, une période où les peuples andins vivaient encore de la cueillette et de la chasse. Cinq fosses funéraires ont été fouillées, et six individus en ont été exhumés. Deux d’entre eux étaient accompagnés de panoplies de chasseur : un homme d’une trentaine d’années et une jeune femme de moins de vingt ans ! Le sexe des individus a été déterminé par l’analyse de l’amélogénine, une protéine de l’émail dentaire qui permet de révéler la présence du chromosome Y au regard du chercheur attentif.

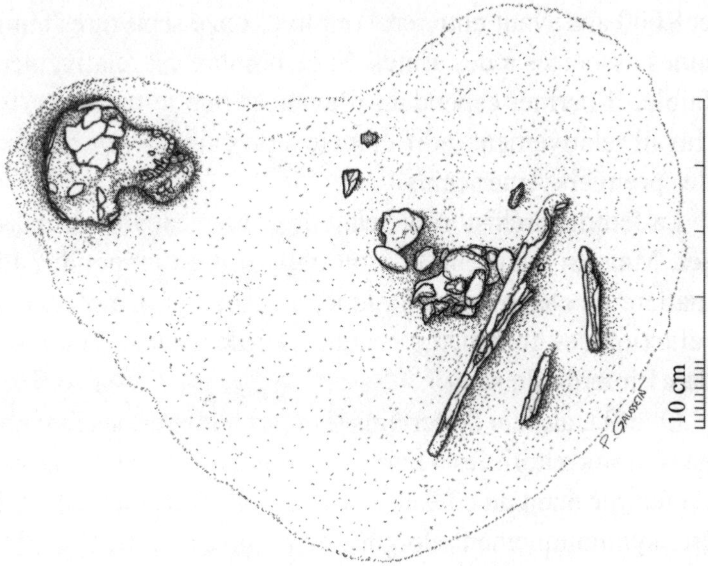

La sépulture de la jeune fille de Wilamaya Patjxa (Pérou).

Vingt-quatre artefacts en pierre ont été déposés dans la tombe de la demoiselle. Dans cette panoplie, on trouve tout ce qu'il faut pour chasser et dépecer le gros gibier : six pointes de projectile, quatre grattoirs, un probable couteau à dos et plusieurs éclats de pierre taillée à usage polyvalent. L'ensemble était resserré dans une besace qui n'a pas été conservée, mais dont on sait qu'elle était décorée grâce à la présence d'ocre.

Cette femme chassait-elle réellement ? Cela ne fait aucun doute pour les archéologues sud-américains, qui soulignent d'ailleurs que le dépôt d'armes de chasse auprès de femmes ne constitue pas un phénomène isolé ! Dix sites américains du Pléistocène tardif ou de l'Holocène précoce (entre 12 000 et 8 000 ans avant notre ère) ont livré onze sépultures féminines associées à des armes. Si ce nombre est relativement faible, il permet cependant d'avancer que le modèle d'un travail relativement indifférencié a pu exister chez certains des premiers Américains.

La femme préhistorique était donc bien capable de chasser. Mais en avait-elle le droit partout dans le monde ? En matière de chasse paléolithique, un paradigme a bloqué la réflexion des chercheurs pendant des décennies : la théorie de « l'interdit du sang ».

En effet, au sein de certains groupes humains, les femmes ne sont pas autorisées à faire couler le sang lors de la chasse. La femme étant du côté de la vie, qu'elle transmet, elle doit être symboliquement éloignée de la mise à mort. Elle perd aussi du sang lors de ses menstruations, ce qui augmenterait la répulsion des humains à associer la femme aux activités de chasse sanglante. Marylène Patou-Mathis souligne cette charge symbolique forte :

> *Alain Testart a émis l'hypothèse qu'il existait un interdit universel énonçant qu'il y avait un danger à mélanger le sang des animaux de la chasse au sang des menstrues des femmes. On a aussi évoqué que l'odeur du sang menstruel pouvait faire fuir le gibier !*

Ces observations sur quelques populations peuvent-elles être étendues aux groupes humains de la Préhistoire ? Doit-on estimer que les femmes ont largement été exclues des parties de chasse ? Sébastien Villotte pense cette hypothèse plausible dans une certaine mesure, puisque

« l'utilisation d'armes de chasse perforantes est l'activité la plus genrée dans les groupes humains observés en ethnographie. [...] Cette activité est plus souvent pratiquée par des hommes ».

Bien sûr, « en matière d'interdits et de tabous, ce qui est valable à un endroit n'est pas forcément valable partout et tout le temps, nous rappelle Sophie A. de Beaune. En ce qui concerne l'interdiction de faire saigner les bêtes, on peut citer le contre-exemple des femmes agtas des Philippines, qui chassent... à l'arc et à la machette ! ». La seule constatation statistique ne saurait donc valider l'hypothèse d'un interdit universel.

Il est possible qu'un tabou ait frappé les femmes d'interdit de chasse chez certains groupes préhistoriques, mais son caractère absolu est peu plausible, au vu des découvertes archéologiques et des observations ethnologiques. Et quand bien même la femme n'aurait pas été autorisée à mettre à mort les animaux en faisant couler leur sang, il y a fort peu de chances qu'elle ait été exclue de l'acquisition de protéines animales.

Michèle Julien et sa collègue Claudine Karlin ont travaillé des années sur un site exceptionnellement préservé, sur la rive gauche de la Seine, un gisement dont les fouilles avaient été initiées par André Leroi-Gourhan. Michèle Julien nous le décrit :

Le site de Pincevent est à quelques kilomètres en aval de l'actuelle ville de Montereau. C'est un site qui a été occupé pendant de longues générations par des groupes de chasseurs magdaléniens, il y a environ 13 000 ans. Il est parfaitement conservé grâce à des arrivées très régulières de sédiments apportés par les crues de la Seine. [...] Si les chasseurs sont revenus sur ce site pendant des générations, c'est qu'il se trouvait à côté du fleuve, à un endroit très spécial. Ici, il y avait un gué qui permettait aux animaux de traverser le fleuve d'une rive à l'autre... Les troupeaux de rennes passaient par là pendant leur migration.

Claudine Karlin explique comment ce passage naturel favorable à la circulation des rennes s'est transformé en piège mortel pour ces gracieux cervidés :

Le renne est plus facile à chasser quand il est dans l'eau. Il nage très bien certes, mais il est beaucoup plus faible et moins rapide dans l'eau que sur terre ! Le renne est un animal grégaire qui traverse les lacs et les rivières en groupe... De plus, à cet endroit, on a un rétrécissement de la vallée : les rennes passent nombreux dans un espace restreint... C'est donc un endroit favorable pour les chasser !

Toute l'activité du campement semble tournée vers un même objectif : chasser un maximum d'animaux en un minimum de temps. Michèle Julien poursuit la description de ce camp, qui a fait l'objet d'une fouille extensive :

Nous avons retrouvé un camp entier qui s'étendait sur 5 000 m². Il comprenait quatre unités d'habitations, probablement des tentes. Elles étaient entourées par des ateliers périphériques. Nous pouvons démontrer qu'il existait des relations entre les habitations et les périphéries, c'est-à-dire que les gens travaillaient non seulement dans leurs habitations, mais aussi dans les ateliers à l'extérieur. […] Un très grand nombre d'os de renne a été retrouvé dans ces habitations… Cela correspondait à environ soixante-seize rennes, dont les carcasses ont été rapportées au début de l'automne. […] Combien d'individus ont séjourné à cet endroit pour réaliser une telle performance ? Et combien de temps sont-ils restés ? Ce groupe était constitué d'une trentaine de personnes. Ils ont dû rester sur place après les trois ou quatre semaines de chasse pour traiter tous les animaux parce qu'il fallait s'occuper des carcasses !

Une question reste en suspens : quelle était la contribution des femmes à ces grandes parties de chasse ? Selon Claudine Karlin, « on peut penser que les hommes tiraient sur le gibier et que les femmes et les enfants rabattaient le troupeau vers les lieux où se postaient les chasseurs ».

La viande mais aussi les produits secondaires ont dû être traités rapidement sur place. L'ensemble des membres du groupe avait largement de quoi s'occuper, comme nous l'explique Michèle Julien :

C'est bien beau de tuer tous ces rennes, mais ensuite il faut les découper, éventuellement traiter la viande en l'asséchant pour avoir des réserves pour l'hiver. Et puis ces animaux portaient des peaux qu'il a fallu travailler. Les rennes mâles portent des bois, une matière première extrêmement précieuse, en particulier pour fabriquer des pointes de sagaie et d'autres outils... Toutes ces activités ont été réalisées immédiatement après l'abattage dans le campement.

Claudine Karlin surenchérit :

Soixante-seize rennes abattus en quelques semaines, ça représente plus de trois tonnes de viande... Cette viande est découpée en quartier, vraisemblablement sur les bords du fleuve, puis ramenée à l'intérieur du campement... et là, il faut que la viande soit traitée, que les bois soient exploités, que les peaux soient préparées, et cela implique que tout le groupe a largement de quoi faire pendant ces quelques semaines. Pour nous, la place des femmes dans ce site d'abattage est essentielle !

Le traitement des peaux, en particulier, « demande des jours et des jours de travail, parce qu'il faut les nettoyer, les faire sécher, les relaver : c'est extrêmement long. Et ça demande un grand savoir-faire », insiste Michèle Julien.

Les deux chercheuses imaginent aisément que les femmes aient été affiliées à ces ateliers alors que les hommes avaient mis à mort les rennes. Pour les chercheurs occidentaux, il est très rare que la femme soit associée à la chasse, car derrière ce mot se dresse encore tout un pan de notre imaginaire médiéval. La chasse est perçue comme une activité sportive et dangereuse – corps à corps furieux, abattages périlleux de géants aux dents ou aux griffes acérées –, ou comme un entraînement à la guerre. Il est bien sûr difficile d'imaginer des femmes enceintes ou allaitantes lancées dans ce type d'activités au péril de leur vie : cela ne serait guère raisonnable pour la survie du groupe.

Mais n'oublions pas que, pour obtenir de la viande, il existe diverses stratégies : l'affût, la poursuite ou l'approche jusqu'au face-à-face décisif avec la bête traquée. Le piégeage et la chasse collective peuvent également être pratiqués par ceux dont on ne souhaite pas mettre la vie en danger. « Le lièvre peut être attrapé au collet, les jeunes faons à la main… » rappelle Claudine Karlin.

Dans ces différents scénarios, il apparaît que les femmes – mais aussi les enfants – pouvaient participer à l'effort collectif de capture du gibier (pour peu que le groupe soit capable d'organiser des battues ou de construire des pièges). La dichotomie entre un « homme chasseur » et une « femme cueilleuse » telle qu'elle a été présentée jusque dans les années 1970 apparaît donc caricaturale. Il n'y a aucune raison que les groupes préhistoriques se soient privés de l'aide précieuse d'une moitié de la population adulte lors des battues. Et même si elles ne mettent pas toujours l'animal à mort, les femmes peuvent entrer en jeu dans l'acquisition de protéines animales par d'autres moyens. Elles peuvent élaborer des pièges, porter les carcasses, effectuer le dépeçage du gibier… « L'imaginaire du XIXe siècle a érigé la chasse au mammouth comme emblème de la chasse préhistorique, mais c'est une idée reçue ! s'indigne Michèle Coquet. L'essentiel de la nourriture provient des activités féminines : des petites chasses, du ramassage, des collectes. »

D'après Sophie A. de Beaune, la petite chasse paraît tout particulièrement importante grâce à l'assurance de son rendement. Elle est « plus fiable que celle du grand gibier, dont la réussite est plus aléatoire ».

La préhistorienne souligne également que la pêche, la collecte des crustacés ou la chasse aux animaux marins de petite taille fournissent un apport calorique important, que l'on néglige trop souvent :

> *Quand on parle d'alimentation préhistorique, notre imaginaire est trop tourné vers les animaux terrestres... Mais les eaux étaient aussi exploitées ! Même si l'archéologie a longtemps négligé le phénomène, la pêche était très pratiquée en bord de mer comme dans les fleuves.*

En effet, si les produits marins, lacustres ou fluviatiles ont été sous-estimés par les premiers préhistoriens, c'est en grande partie à cause de leurs méthodes de fouille encore peu fines. Les vertèbres de poisson sont passées inaperçues lors des premières explorations de sites préhistoriques. Puis l'amélioration des techniques de fouille a permis de mettre en évidence l'importance de nombreuses espèces de poissons dans le quotidien de nos ancêtres : la présence de leurs vertèbres laisse peu de doute sur le fait qu'ils ont été consommés. Certaines représentations artistiques de ces animaux montrent aussi qu'ils ont été observés sous toutes les coutures... C'est le cas du saumon magdalénien de la grotte de Gourdan (France), qui semble lardé des traits qui ont servi à le capturer !

Les chercheurs affirment aujourd'hui que nos ancêtres mangeaient déjà des produits de la mer il y a 300 000 ans. La consommation de crustacés et d'autres produits d'origine aquatique a contribué au succès des stratégies de subsistance flexibles et opportunistes adoptées par les chasseurs-cueilleurs installés dans les régions côtières. D'autant plus que ces aliments sont extrêmement bénéfiques pour l'organisme. Ils sont riches en protéines, en vitamine D, en acide gras, mais aussi en iode, essentiels à la bonne santé d'*Homo sapiens* et très difficiles à trouver dans une alimentation terrestre !

Au menu de nos ancêtres, des poissons de mer comme de fleuve, de lac et de rivière, ainsi que de nombreux coquillages et crustacés. Sur le plateau de fruits de mer de la grotte grecque de Franchthi, on trouve des patelles, des moules, des coques et deux types différents d'huîtres, des plates et des creuses. Depuis le bigorneau jusqu'à la baleine – qui a été consommée par les occupants de la grotte espagnole de Nerja il y a 14 000 ans –, les préhistoriques ne semblent avoir délaissé aucun des animaux marins accessibles sans navigation hauturière. Quand ils ne pouvaient pêcher certaines espèces de haute mer, comme la baleine, ils les ramassaient sur les plages où elles s'échouaient parfois. Il fait peu de doute que les femmes ont largement contribué à ces activités, et en particulier au ramassage des bivalves, lequel était compatible avec la garde des enfants, qui devaient apprécier de prendre part à la collecte !

En plus de sa contribution à la chasse, désormais difficilement contestable, la femme semble avoir aussi régné sur le monde végétal et s'être adonnée à la cueillette. Et lorsque l'on analyse les données statistiques, cette activité apparaît d'ailleurs comme aussi valorisante que valorisée !

Pour assurer la subsistance du groupe de manière régulière, la cueillette est indispensable. « Nous savons, grâce à l'observation des populations actuelles de chasseurs-cueilleurs, que ces groupes étaient largement dépendants de la petite chasse et de l'alimentation végétale ! Or, ces denrées étaient collectées par les femmes… » C'est ce que nous apprend James Adovasio, archéologue à l'université d'État de Pennsylvanie (États-Unis) et spécialiste des objets périssables.

Michèle Coquet confirme cette observation, que la densité de calories fournies par la cueillette chez les Sans du Kalahari suffit à démontrer : « L'apport des femmes à la subsistance du groupe est considérable. Chez les Sans, il a été montré que 75 % de l'apport de nourriture est le fait des femmes, la grande chasse restant quelque chose d'exceptionnel. »

Dani Nadel, professeur d'archéologie à l'université de Haïfa, en Israël, souligne lui aussi le rôle capital que la femme tenait dans la survie du groupe partout dans le monde :

Depuis les années 1960, grâce à des études ethnographiques et ethnoarchéologiques, nous savons que la contribution des femmes à l'économie des tribus et des familles était bien plus importante qu'on ne l'avait estimé auparavant ! Car les femmes récoltaient des aliments d'origine végétale : des graines de céréales, de légumineuses, des glands et des fruits en fonction de leur environnement ; leur contribution à l'apport calorique et protéique constituait parfois entre 50 et 70 % de ce que le groupe consommait en moyenne à l'époque...

Au Proche-Orient, la femme a aussi été la grande spécialiste des céréales sauvages. Celles-ci ont en effet été récoltées pour obtenir de la farine par la mouture des grains bien avant l'invention de l'agriculture il y a 10 000 ans, et des archéologues ingénieux sont parvenus à déterminer avec certitude que ce travail était effectué par des femmes !

Les premières meunières de l'humanité

Bienvenue à Ohalo ! Ici, les humains ont beaucoup récolté les céréales sauvages : de l'orge, du blé, de l'avoine...

Cette découverte a été faite en Israël, sur un site archéologique exceptionnel, vieux de 19 000 ans, sur les rives du lac de Tibériade. Les fouilles, dirigées par Dani Nadel, ont permis de mettre au jour six huttes séparées par des espaces de circulation. « Il s'agit d'un site extrêmement bien préservé parce qu'il est resté sous l'eau pendant très longtemps, se réjouit l'archéologue. Cela a permis des découvertes incroyables !

D'habitude, on ne trouve pas de graines dans les sites de cette époque, alors qu'ici on en a des centaines de milliers. »

La discipline qui prend en charge l'étude des graines anciennes s'appelle la carpologie. C'est une des branches de l'archéologie qui permet de reconstituer l'environnement végétal passé à partir de l'identification de macro-restes végétaux tels que des fragments de coquille, des graines ou des pépins… mais tout cela au prix d'une grande rigueur dans l'acquisition des indices ! Tout le sédiment archéologique doit être passé au tamis avec de l'eau, puis les graines et particules végétales sont recueillies par le procédé du flottage, qui consiste à déposer le sédiment dans de l'eau et à recueillir les éléments qui surnagent.

On a tamisé à l'eau tout ce qu'on a pu exhumer en utilisant des tamis avec des trous de 1 mm de diamètre !

Grâce à cette méthode, les archéologues ont réalisé que la quantité mais aussi la diversité des espèces récoltées sur le site par nos ancêtres étaient impressionnantes :

On a pu exhumer plus de cent mille graines carbonisées qui représentent plus de cent espèces différentes. On trouve des arbres comme le tamaris, le chêne, le térébinthe et des dizaines d'espèces de céréales et de légumineuses comestibles. Elles servaient forcément pour l'alimentation.

Les différentes occupations du site d'Ohalo II ne sont pas des campements saisonniers comme on en voit généralement pendant la Préhistoire… On y trouve les premiers signes d'une sédentarité qui deviendra la norme au Proche-Orient quelques millénaires plus tard :

Les vestiges végétaux d'Ohalo reflètent toutes les saisons de l'année. On le voit également dans les espèces d'oiseaux : il y a des oiseaux migrateurs, des oiseaux d'hiver... On sait que les humains vivaient dans ce campement pour plus d'une seule saison, peut-être même qu'ils s'y installaient pour six mois, un an, voire deux ans... C'est un campement qui nous offre des perspectives différentes de ce qu'on a l'habitude de voir pour cette période. Si rester un ou deux ans sur place peut être considéré comme un mode de vie sédentaire, c'est donc le cas ici !

Pour autant, les occupants ont choisi de ne rien construire en dur. Les habitations étaient de modestes huttes en matériaux périssables, entourées par des chemins où quelques feux avaient été allumés. Des habitats assez petits où les femmes, expertes du monde végétal, ont peut-être joué le rôle de « décoratrice d'intérieur » :

À Ohalo, sur le sol de la hutte, nos ancêtres posaient un paillasson très simple, fait de plantes céréalières. On a aussi des preuves que certaines plantes ont été amenées sur le site au moment de leur floraison... Était-ce volontaire ? Était-ce pour décorer quelque chose ?

L'optimisation de ces lieux de vie exigus était la règle :

Sur le site d'Ohalo, les huttes n'étaient pas très spacieuses mais elles étaient bien organisées. Sur une partie du sol, on voit des éclats de pierre : on imagine qu'un ou deux hommes se sont assis là pour tailler le silex. Et sur une autre partie, on trouve des traces incontestables de préparation de nourriture...

Des instruments très particuliers ont en effet pu être mis en lumière par l'analyse de la répartition des vestiges dans l'espace :

On a trouvé sur le sol une pierre qui semblait en premier lieu ordinaire, naturelle. Elle n'avait pas attiré notre attention plus que ça, mais quand on a commencé à l'examiner, on a découvert qu'elle avait été modelée, puis fixée sur le sol avec du sable et des petits cailloux pour qu'elle ne bouge plus. On a découvert aussi un schéma atypique de disposition des graines de céréales autour de cette pierre : les graines étaient posées autour d'elle sur trois directions, comme si quelqu'un s'était accroupi devant la pierre dans la quatrième direction et avait travaillé les grains sur la roche...

L'hypothèse d'une meule apparaît alors ! Mais pour vérifier qu'il s'agit bien d'un instrument de mouture, l'équipe de chercheurs a analysé la pierre au microscope : « On y a identifié des marques d'usure et des traces microscopiques d'amidon et de céréales. Ils se servaient donc probablement de cette pierre pour écraser les grains, fabriquer une farine et préparer des pâtes. C'est certainement l'un des exemples les plus anciens d'une telle activité. »

Si le pain est devenu la base de l'alimentation des populations humaines à partir de l'époque néolithique, il est exceptionnel d'en retrouver des traces aussi anciennes. Une autre découverte notable a été faite à Shubayqa, en Jordanie : un pain « qui date d'il y a environ 14 000 ans [...] préparé à partir de plantes céréalières ».

Tous ces indices inattendus ne nous disent pas qui a bien pu moudre ce grain et cuire ce pain... Pourtant, le professeur Nadel avance une hypothèse :

> *Si l'on en croit les études ethnographiques, ce sont les femmes qui connaissent souvent le mieux la végétation... Ce sont souvent elles qui récoltent les graines, les glands, les fruits, tous les aliments naturels que la famille consomme ensuite. Était-ce le cas ici ? Nous n'en sommes pas sûrs... mais je le crois.*

Pour l'archéologue, il y a une division claire des tâches à Ohalo. Il imagine ainsi tout naturellement les femmes affiliées au monde végétal et, par extension, à la mouture, et les hommes dédiés à la taille de la pierre. Mais imaginer ne suffit pas. Pour les spécialistes, des preuves solides doivent être rassemblées. Et un second site permet de répondre plus précisément aux questions encore en suspens...

Direction la Syrie et le site d'Abu Hureyra. Comme à Ohalo, les préhistoriques ont ramassé des céréales sauvages à foison. Ce campement vieux de 9 500 ans a fourni des habitats et les vestiges tout particulièrement précieux d'une nécropole. La bonne conservation des os y a permis non seulement de retrouver les femmes du groupe, mais aussi de déterminer leurs habitudes de travail… Sophie A. de Beaune décrypte les indices relevés :

Dans la nécropole, on a trouvé sur un squelette féminin des lésions articulaires au niveau des chevilles, des genoux, du bas du dos et de la base des orteils. Or, ces lésions correspondent à des positions agenouillées dynamiques et prolongées… Elles sont connues aujourd'hui chez les poseurs de moquettes !

Cette position à genoux pour pratiquer la mouture des céréales sur une meule fixe posée au sol est bien connue par les témoignages ethnographiques et historiques. Ces meules fixes seraient assez semblables à la fameuse meule d'Ohalo retrouvée encore en place dans une hutte ! Pour Sophie A. de Beaune, la démonstration devient très convaincante :

On a supposé que ces femmes ont dû moudre le grain sur des meules au sol, en position agenouillée, et en effectuant un mouvement de va-et-vient. Or, il se trouve que plusieurs longues meules à va-et-vient ont justement été retrouvées sur le site d'Abu Hureyra. On a donc là une preuve biologique que c'était bien les femmes qui pratiquaient la mouture du grain !

Le squelette d'une jeune femme d'Abu Hureyra (Syrie) portait des lésions articulaires caractéristiques de l'activité de mouture.

Si l'activité de ces femmes consistait à manipuler intensivement les céréales sauvages, il y a fort à parier qu'elles en connaissaient parfaitement le cycle de reproduction et les moyens d'en protéger les semences… Or, beaucoup d'archéologues estiment que ces plantes ont joué un grand rôle au début de l'agriculture. En effet, la culture des céréales a été inventée dans les régions du Levant où croissaient les céréales sauvages déjà largement consommées… Peut-on alors avancer que les femmes auraient été les instigatrices de la révolution agricole ? Sur ce sujet, Sophie A. de Beaune nous invite à la prudence :

Il serait abusif de dire que les femmes ont « inventé » l'agriculture, car ce processus a été très long. En revanche, elles connaissaient parfaitement les plantes sauvages et la manière de les utiliser. Il est donc probable qu'elles ont fortement contribué à l'émergence de l'agriculture.

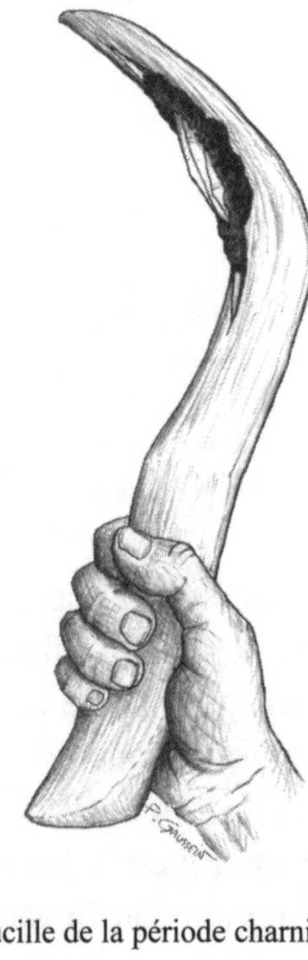

Reconstitution d'une faucille de la période charnière entre le Paléolithique et le Néolithique.

Le professeur Dani Nadel insiste sur le fait que cette question constitue depuis longtemps une préoccupation majeure des archéologues :

Plusieurs chercheurs soutiennent que ce sont d'abord les femmes qui ont eu l'idée de génie de jeter ou de semer des graines, pour avoir des aliments à disposition tout près de l'habitation. Je pense que Darwin a été parmi les premiers à écrire sur cette hypothèse, il y a cent cinquante ans environ... C'est la preuve que c'est une possibilité qui taraude les esprits ! Mais bien sûr, il est impossible de dire qui a eu l'idée en premier, de l'homme ou de la femme... C'est difficile de statuer sur ce qui s'est passé il y a 20 000, 12 000 ou 10 000 ans... Mais peut-être qu'on a enlevé aux femmes un rôle très important dans l'évolution de l'humain et dans leur contribution à l'économie !

Du champ à la meule et de la meule aux fourneaux, il n'y a que quelques pas... que les chercheurs n'ont pas hésité à franchir. À tort ou à raison ?

La cuisinière nourrit... notre évolution

Associer la femme de la Préhistoire à la préparation de l'alimentation quotidienne sonne comme une évidence pour beaucoup d'ethnologues, puisque – sans être exclusive – cette tâche domestique est bien souvent remplie par les femmes dans les sociétés non industrielles. Mais attention aux analogies trop globalisantes qui risqueraient d'alimenter les clichés. Un modèle ethnographique, même dominant, ne doit pas pour autant laisser penser que les hommes étaient systématiquement tenus à distance du foyer nourricier, d'autant que les chasseurs-cueilleurs actuels ne doivent en aucun cas être considérés comme les descendants directs des préhistoriques comme on le pensait au XIXe siècle. Il est toutefois très utile de s'appuyer sur ces modèles de peuples vivant en symbiose avec la nature et de rappeler aux Occidentaux que faire la cuisine, même lorsque cette activité n'est pratiquée qu'au sein de la sphère domestique, n'a rien de dévalorisant. Il ne faut jamais oublier que les tâches qui nous apparaissent aujourd'hui simples et ordinaires étaient fondamentales pour nos ancêtres. Ce n'était ni plus ni moins qu'une question de survie. En ce sens, préparer les repas pour le groupe était de la plus haute importance, et tout aussi noble que de rapporter du gibier. Il convient donc de repousser l'image réductrice de la « ménagère » véhiculée par les publicitaires des années 1960 ; il nous semble important de souligner que le rôle de la cuisinière préhistorique a été si essentiel qu'elle a fait de nous, *sapiens*, ce que nous sommes aujourd'hui !

En effet, l'alimentation a joué un rôle déterminant dans l'évolution cognitive des premiers humains et de leurs ascendants. C'est la consommation de la viande puis, beaucoup plus tard, sa cuisson qui ont permis aux ancêtres des humains actuels d'accroître le volume de leur cerveau. Le lien de cause à effet peut paraître étonnant, mais il n'y a rien de plus logique : le cerveau de l'homme moderne consomme plus de 20 % de l'énergie dépensée par l'organisme. Or l'ingestion d'une alimentation suffisamment riche en calories et en nutriments a permis de satisfaire la dépense énergétique du cerveau. Des cerveaux plus volumineux ont engendré un comportement social plus complexe, qui a conduit à de nouvelles tactiques de recherche de nourriture et à l'amélioration de l'alimentation, elles-mêmes favorisant l'évolution cérébrale, dans ce qu'on appelle un processus de coévolution. Plus tard, le passage des mets au feu a amélioré l'absorption des aliments et des nutriments, en soulageant le système digestif, de ce fait moins gourmand en énergie. Si ce sont bien les femmes qui ont nourri le groupe depuis les origines, alors on leur doit les avancées cognitives qui ont révolutionné la trajectoire de la lignée humaine.

Ce cerveau, après des milliers d'années d'évolution, a été capable de produire des discours sociaux et des images symboliques. Et c'est autour du repas préparé par les cuisinières que ces paroles se sont diffusées. Autour du feu et des plats, les liens du clan se sont resserrés, des alliances se sont tissées et les mythes des anciens se sont transmis. Le repas est souvent un moment d'échanges familiaux, intellectuels et émotionnels. Il constitue le ciment d'un groupe humain traditionnel, comme le souligne le chercheur canadien Brian Hayden dans son récent livre sur les banquets préhistoriques, *Feasting in Southeast Asia* (University of Hawaii Press, 2016). La femme, en mettant littéralement la main à la pâte, a donc été l'artisane d'une communication entre les membres du groupe essentielle à l'épanouissement des civilisations préhistoriques.

Une question demeure… Lady Sapiens était-elle en mesure d'affûter ses couteaux pour la préparation des repas ? On a longtemps fait l'impasse sur cette question dont les archéologues pensaient détenir la réponse. Mais elle est aujourd'hui pleinement explorée.

La tailleuse de pierre

De même que l'hypothèse concernant l'interdit qui aurait empêché les femmes de faire couler le sang a freiné l'idée qu'elles auraient pu chasser, selon de solides préjugés fort anciens, il a été décrété qu'elles ne pouvaient pas tailler la pierre. Il est vrai que, dans certaines populations traditionnelles, l'usage d'armes perforantes, et par extension la fabrication d'armes tranchantes, était proscrits pour les femmes. C'est ainsi que nos manuels scolaires et nos installations muséales ont vu fleurir des illustrations et des reconstitutions montrant uniquement des hommes affairés à la taille du silex. Mais qu'en savons-nous réellement ?

Il n'existe pas de méthode scientifique permettant de distinguer un outil façonné par une femme d'un outil façonné par un homme. Les outils lithiques n'ont pas de sexe. Au Paléolithique, la femme n'a aucune raison d'avoir été écartée du travail de la pierre, du moins en raison d'une puissance musculaire insuffisante. Tailler le silex ou l'obsidienne nécessite surtout un long et rigoureux apprentissage, de la dextérité et de l'intelligence, des qualités partagées tant par les hommes que par les femmes.

Pourtant, les statistiques tirées des études ethnologiques montrent que les femmes sont beaucoup moins souvent affectées aux activités de taille que les hommes. Dans une étude comparative de plusieurs populations actuelles, la taille de la pierre a été identifiée comme une activité masculine dans soixante-sept sociétés et comme une activité féminine dans seulement six populations, notamment « chez les Konsos du sud de l'Éthiopie, chez les Arawes de

Nouvelle-Guinée et chez les Tiwis et les Jerramungups du nord et de l'ouest de l'Australie», nous apprend Marylène Patou-Mathis.

Qu'en était-il en Europe il y a 30 000 ans ? Lady Sapiens taillait-elle le silex pour fabriquer des outils ? Pour répondre à cette question, Claudine Karlin a mené une étude comparative :

Nous sommes parties vivre parmi les peuples de Sibérie. Nous avons observé des populations diverses pendant les différentes saisons. Le climat n'était pas le même, l'altitude n'était pas la même et les populations non plus... On a donc pu visualiser des attitudes variées et différencier ce qui pouvait relever de la contrainte environnementale et ce qui pouvait relever des choix... et donc s'inscrire dans la culture !

En se fondant sur ses observations auprès des Dolganes, Claudine Karlin imagine qu'en hiver les hommes partaient chasser en laissant les femmes seules au camp pendant plusieurs jours. Impossible donc pour elles d'être dépendantes des hommes pour tailler les outils du quotidien.

Michèle Julien estime que ce qu'elle a pu observer sur le site de Pincevent est compatible avec l'hypothèse de sa collègue :

Autour du foyer, il y avait une quantité d'objets : des outils de silex, des pierres, un certain nombre de restes de cuisine... Toute la vie s'organisait autour de ce feu. Mais il nous a semblé qu'il existait deux espaces de part et d'autre du foyer... Un côté était réservé aux tailleurs experts, l'autre réservé à un tailleur de dextérité moindre mais qui travaillait aussi l'os et les peaux. On a donc imaginé que le premier espace était réservé aux hommes et l'autre réservé aux femmes.

Dans l'espace considéré comme féminin se trouvaient des grattoirs, des galets ayant servi de polissoirs, des lissoirs mais aussi un petit atelier de fabrication d'aiguilles :

Dans cet espace « féminin », on voit que le tailleur n'avait pas une compétence exceptionnelle pour la taille du silex. Les outils n'étaient pas « formidables »... mais ils étaient efficaces pour effectuer bien des tâches quotidiennes.

Un autre indice renforce l'hypothèse d'un espace dédié à une femme aux talents multiples à Pincevent...

Juste à côté du coin « féminin », on a trouvé un petit amas de débitage qui est composé de « cassons » – entendez par là des petits bouts de pierre taillés de manière anarchique. Ces cassons étaient issus d'un galet qui a été volontairement éclaté : c'est tout à fait typique du jeu d'un enfant imitant les grands. On a l'impression qu'à côté de cette femme qui taillait le silex se trouvait un petit enfant qui a ramassé un silex lui aussi, et qui a tapé dessus n'importe comment pour faire comme sa mère ! Celle-ci a pu travailler dans cet espace tout en surveillant son enfant...

Le travail de la pierre apparaît donc à certains comme étant préférentiellement masculin au Paléolithique, les femmes s'y adonnant quant à elles pour satisfaire des besoins techniques immédiats. Tous les chercheurs s'accordent en tout cas sur un point : il semble inconcevable que les femmes n'aient pas su tailler la pierre, ne serait-ce que pour conserver une certaine indépendance d'action dans leurs travaux de tous les jours. L'outil en pierre étant omniprésent, tenir la femme éloignée de sa conception reviendrait à lui interdire de cuisiner, de traiter les peaux, de façonner des objets en os ou en bois. Il est donc évident que Lady Sapiens a dû elle aussi pratiquer la taille de la pierre afin de mener à bien ses tâches quotidiennes. Est-elle pour autant l'auteur des belles feuilles de laurier du Solutréen, ces pointes d'une finesse exceptionnelle ? Cela est moins probable si l'on considère toutes les autres tâches qui lui incombaient déjà, mais ce n'est plus inconcevable comme cela a pu l'être jusque récemment encore.

Des savoirs artisanaux essentiels

À l'heure de la production de masse et de l'économie de marché, nous avons bien du mal à concevoir à quel point certains artisanats sont essentiels à la survie de tout un groupe. Nous avons oublié qu'une chaussure hermétique pouvait sauver nos orteils lors d'une marche dans la neige, ou qu'un panier solide et finement tressé pouvait rendre une cueillette efficace. Les activités de production artisanale, souvent gérées par les femmes dans les sociétés traditionnelles, sont des alliés précieux du quotidien.

Souvenons-nous que, si l'on en croit les études ethnographiques, les femmes semblent régner sur le monde végétal. Or, les végétaux permettent de développer un nombre considérable d'artisanats. Ils possèdent des qualités tout aussi variées que les matières premières d'origine animale. Souples, résistants, élastiques : le bois, le roseau ou simplement les feuilles peuvent servir autant à la confection de vêtements que de huttes, de récipients pour la cuisson des aliments que de paniers pour le transport des biens ou des bébés. Certains autres primates du règne animal ne s'y sont pas trompés, puisque les chimpanzés se servent de brindilles aménagées à leur extrémité pour déloger les termites au fond de leurs galeries.

James Adovasio a donc décidé de se pencher sur l'analyse de ces vestiges peu connus :

> *Contrairement à la pierre ou à la céramique, qui ne se dégradent pas, les matériaux organiques sont rarement retrouvés par les archéologues, car ils sont victimes de la détérioration bactérienne. À part dans des conditions très spécifiques, dans des sols très humides par exemple... mais généralement, ils se dégradent très vite !*

Pour cet archéologue « la technologie des matières végétales a pu être mise en place de manière sporadique avant nous… mais son explosion est caractéristique de notre espèce, *Homo sapiens*, et plus particulièrement grâce aux femmes ».

Il est vrai que tous ces matériaux constituent une part très importante de la technologie chez les populations traditionnelles. Le professeur Adovasio a eu maintes occasions de le constater : « Chez la majorité des chasseurs-cueilleurs actuels, la technologie en matériaux périssables constitue plus de 90 % des objets utilisés ! On les fabrique en tissu, en cuir, en vannerie, en bois, en fibres végétales tressées. »

Rappelons que ces tâches ne sont pas simples à effectuer : elles exigent des connaissances fines du matériau et une organisation du travail fondée sur une chaîne de fabrication complexe. Un aspect sur lequel insiste James Adovasio :

> *Nous savons que les objets en matériaux périssables nécessitent une production en plusieurs étapes... Il n'y a aucune raison de valoriser davantage une lame de silex que des paniers en osier... mais comme leurs traces sont moins visibles, on les oublie souvent !*

Notre approche des objets quotidiens des préhistoriques est ainsi biaisée à cause de la très mauvaise conservation des matériaux organiques. En les soustrayant à notre vue, le temps les a également écartés de notre pensée. James Adovasio le regrette et a consacré sa carrière à faire changer les regards :

> *Les gens ont l'impression que ce sont les hommes d'âge moyen qui menaient la vie du camp, en tuant les grands animaux grâce à des outils en silex. C'est notre*

vision du monde préhistorique depuis le XIX*e siècle... mais ce n'est pas le cas ! Nous nous sommes englués dans cette croyance jusqu'à aujourd'hui parce que les productions des femmes sont invisibles sur le terrain archéologique... […] Par la comparaison ethnographique, nous savons que la production de vanneries, d'objets végétaux, mais aussi d'une grande partie de la production des objets en bois sont le fait des femmes dans toutes les sociétés préindustrielles. Bien sûr, ça ne veut pas dire que les hommes ne peuvent pas du tout effectuer ce genre de tâches...*

En effet, il n'est pas question pour ce chercheur de dénigrer pour autant le travail masculin... Les hommes semblent avoir été majoritaires dans certains secteurs d'activité depuis fort longtemps :

Pendant la Seconde Guerre mondiale, nous avons des photographies montrant les soldats japonais fabriquant leurs propres sandales... D'ailleurs, la création des chaussures a toujours été majoritairement une activité masculine[1]*, sans que l'on sache pourquoi ! Mais pour le reste des réalisations faites à base de matériaux périssables, les femmes sont les artisanes préférentielles.*

1. Toutefois, chez les Inuits, ce sont les femmes qui fabriquent les bottes. C'est d'ailleurs un critère très important dans le choix de sa compagne pour un homme. Une femme fabriquant des bottes confortables et imperméables est un atout majeur pour la chasse au phoque sur la banquise.

Voilà qui offre des perspectives multiples… Souvenez-vous par exemple des empreintes de fibres végétales retrouvées sur des morceaux de terre cuite à Dolní Věstonice. Ces vestiges exceptionnels ont été examinés par James Adovasio. Il explique le procédé hors norme qui a rendu possible leur conservation :

Ces restes sont parvenus jusqu'à nous parce qu'ils ont été pressés, imprimés sur l'argile… Celle-ci a ensuite été cuite à proximité du feu. L'empreinte de cet artisanat a ainsi été préservée grâce à cette exposition à la chaleur, sinon, nous l'aurions perdue ! […] En Europe centrale, on ne trouve que les impressions des tressages. C'est l'une de ces circonstances dans lesquelles l'archéologue a beaucoup de chance ! Vous n'avez pas retrouvé directement l'objet… mais vous avez une impression en négatif de cet objet sur un autre objet qui, lui, est préservé.

Mais quels étaient donc ces objets mystérieux dont les empreintes se sont conservées dans l'argile ? Le professeur Adovasio n'a pas mis très longtemps à s'apercevoir qu'il s'agissait de « restes d'un végétal tressé de manière très similaire à votre chemise ou à la mienne ».

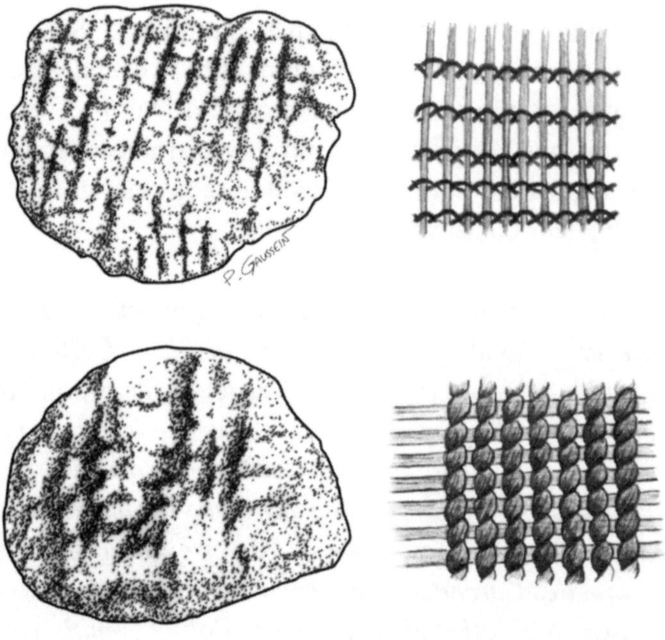

Les empreintes de Dolní Věstonice et leur reconstitution possible.

Quant à savoir comment et pourquoi ce tressage a été assemblé, nous ne pouvons être sûrs de rien, car les impressions étaient très petites… Ce sont peut-être des fragments de vêtements ou de sacs qui sont très utiles aux préhistoriques pour partir à la récolte.

À défaut de connaître la nature de l'objet final créé avec cet élément tressé, « on peut détecter les probables techniques qui ont été utilisées pour créer ces objets, se console James Adovasio. Les fils sont enroulés sur eux-mêmes à la manière d'une corde, puis ils sont tressés sur une trame verticale probablement disposée sur un cadre ».

Avant d'entrelacer les fibres, il faut préparer les matières premières… Pour cela, les femmes ont su se servir de leurs mains agiles mais aussi de leurs dents !

Le tressage n'est pas la seule activité qui a disparu des sites de fouille. Ainsi, Sophie A. de Beaune rapporte que « dans les niveaux néolithiques du site syrien d'Abu Hureyra, on a retrouvé une mandibule féminine avec des rainures sur les dents. On imagine que cette femme a dû se servir de ses dents pour préparer des fibres végétales : débarrasser les joncs de leur enveloppe en vue d'un travail de vannerie ».

Tressage et vannerie à la mode préhistorique étaient donc déjà des activités qui demandaient de la persévérance et de la dextérité… Mais le jeu en valait la chandelle, car les objets confectionnés étaient d'utilité vitale, comme le souligne James Adovasio :

> *Les objets fabriqués en fibres végétales étaient essentiels à la survie de ces groupes. Ils entrent en jeu dans l'ensemble des activités sociales préhistoriques et ont une importance considérable ! Les fibres tressées peuvent être utilisées pour transporter des denrées végétales, pour créer des ustensiles de cuisine et de cuisson, pour faire des nattes, des pièges pour capturer des animaux, pour confectionner des couvertures ou des vêtements pour la période estivale, quand il faisait chaud… Le grand public a l'impression que le froid régnait toujours pendant la Préhistoire, mais ce n'était vraiment pas le cas ! Il y a donc des périodes de l'année où des vêtements plus légers étaient nécessaires,*

lesquels ne pouvaient pas être fabriqués en fourrure. L'image d'hommes et de femmes toujours vêtus de fourrure est un stéréotype qui nous suit depuis bien trop longtemps !

Au cours de notre enquête, nous avons en effet constaté à quel point les vêtements préhistoriques étaient raffinés et socialement signifiants. Si les femmes avaient une affinité avec les végétaux servant à la confection des paniers et vêtements tressés, il est bien possible qu'elles aient été aussi les petites mains qui en assuraient la couture... De Pierre Cardin à Alexander McQueen, nos plus grands créateurs de mode sont bien souvent des hommes, mais il y a fort à parier que les femmes ont joué un rôle important dans la confection des garde-robes d'autrefois. Les activités féminines deviennent souvent masculines lorsqu'elles se parent de prestige et qu'elles sortent de la sphère domestique. La poterie et le tissage en Afrique en sont de bons exemples.

Comme le souligne Francesco d'Errico, les archéologues du passé n'ont pas eu de grandes difficultés à admettre la division sexuelle du travail dans cette matière : « Traditionnellement, on a pensé que c'était les femmes qui faisaient les aiguilles en os parce que c'est ce que nous voyions chez les populations inuits ou amérindiennes... »

Peut-on pour autant tirer une constante anthropologique de cette information ? La couture était-elle une affaire de femmes ? Parmi les populations étudiées par les ethnologues, certaines activités semblent être en effet préférentiellement féminines, et c'est le cas de l'artisanat textile. Pour autant, certains contre-exemples interdisent de s'imaginer que cette activité était strictement fermée aux hommes. Ainsi, en Afrique subsaharienne, les tisserands sont généralement des hommes. Francesco d'Errico invite à ouvrir nos esprits à toutes les possibilités : « Il est probable que les aiguilles aient été utilisées par les femmes, mais il est possible que les hommes les aient maniées aussi… voire qu'ils les aient produites ! »

N'oublions pas qu'aujourd'hui, à 2 500 km de chez nous, les hommes islandais savent tricoter des pulls aux complexes motifs floraux aussi bien que les femmes. La division sexuelle de cette tâche n'a pas de sens à leurs yeux, et ils ne font qu'honorer une tradition pluriséculaire. Il a pu en être de même chez les membres de certains groupes préhistoriques qui n'ont pas réservé l'art de la beauté à la seule Lady Sapiens.

Car il est vrai que la diversité des matières mises au service de l'impressionnante créativité des couturiers de la Préhistoire a parfois fait naître des vêtements très raffinés. Pour accompagner ces atours, les préhistoriques s'étaient également constitué une boîte à bijoux qui n'avait rien à envier à la nôtre. Nous savons désormais que les parures n'étaient pas réservées aux femmes, mais la confection des bijoux était-elle également une activité mixte ? C'est bien possible, puisque, si nous suivons Michèle Coquet, « il n'existe pas de répartition des tâches si claire que ça entre les sexes : il y a une perméabilité. Les hommes peuvent coudre, produire des ornements, se faire des peintures corporelles… ».

Cependant, certains bijoux anciens semblent bien avoir été réalisés par des personnes qui avaient de toutes petites mains… Cette particularité n'est certes pas l'exclusivité des femmes… Randall White estime que c'est à elles que l'on doit les perles retrouvées dans l'abri Cellier en Dordogne :

> *Nous avons trouvé de nombreuses perles très fines : elles sont minuscules, avec une circonférence moyenne de 6 mm ! Nous avons reconstitué le processus grâce à des expérimentations, et la confection de chacune de ces perles a dû demander trois heures de travail en moyenne. […] J'ai des mains relativement normales pour un homme et je ne peux pas faire les plus petites de ces perles… Je ne peux tout simplement pas les tenir de manière assez ferme dans ma main pour les travailler. En revanche, la grande majorité de mes étudiantes peuvent venir à bout de cette tâche ! Cela semble soutenir l'idée que cette activité était majoritairement féminine.*

Tisserande, couturière, bijoutière… Peu d'activités semblent inaccessibles aux femmes de la Préhistoire. Sans compter que le travail de la peau et du cuir est également associé au monde féminin ! Là encore, l'altération des mandibules féminines constitue des indices intéressants : les incisives pouvaient être utilisées comme une sorte de troisième main pour le tressage, mais aussi comme un instrument pour le travail du cuir. Dans certaines sociétés traditionnelles, les femmes ont l'habitude de mastiquer les peaux afin de les assouplir. Chez les Tigares de Point Hope, qui vivaient en Alaska entre 750 et 250 avant notre ère, les dents antérieures constituaient des outils indispensables pour le ramollissement des peaux d'animaux et la fabrication du fil à partir de tendons. Une habitude peut-être héritée des temps préhistoriques, comme le soulignent les chercheurs Katarzyna Górka, Alejandro Romero et Alejandro Pérez-Pérez[1]. De même, une autre étude, réalisée à partir de l'analyse de dix-neuf squelettes de Néandertaliens par Almudena Estalrrich et Antonio Rosas a pu montrer que les femmes utilisaient beaucoup plus que les hommes leurs dents de devant pour des activités non alimentaires. Un début d'indice pour une réflexion sur la distribution sexuelle du travail pendant la Préhistoire !

Si la poterie est apparue au Néolithique vers 7 500 avant notre ère, cette innovation a eu des précédents. En effet, la cuisson de la terre crue est recensée dès le Paléolithique supérieur dans trois sites d'Europe centrale, deux sites datés autour de 27 000 ans et un troisième, plus récent, daté entre 19 500 et 17 500 ans. Il s'agit, bien entendu, d'inventions indépendantes. Nous avons déjà évoqué une des plus belles Vénus d'Europe centrale en argile, celle de Dolní Věstonice. Cette technique est sans doute restée sans lendemain au Paléolithique et n'a pas débouché sur des applications pratiques comme la poterie, plus tardive. Certains chercheurs suggèrent que nous devons peut-être cette mutation importante à une invention féminine ! Et si les premiers

1. Voir, de ces auteurs, « Dental-Macrowear and Diet of Tigara Foragers from Point Hope, Northern Alaska », *Anthropologischer Anzeiger*, 2016, vol. 73, nº 3, p. 257-264.

céramistes étaient des femmes ? Selon Dani Nadel, cela ne fait aucun doute en certains lieux :

Sur quelques sites pavloviens en République tchèque, on fabriquait des petits objets en céramique que l'on avait probablement cuits au four. Des statuettes animalières et humaines très délicates, notamment... D'après les empreintes digitales identifiées sur ces objets, les dernières personnes à les avoir touchés avant la cuisson étaient majoritairement des femmes. Cela signifierait que, dans la fabrication des petites figurines d'animaux, principalement des mammouths, les femmes auraient eu un rôle très spécifique !

La poterie proprement dite n'a été inventée que bien plus tard, par les premiers paysans du Néolithique proche-oriental. Et il n'est pas abusif de dire qu'elle a changé les modes de vie de nos ancêtres ! En permettant de nouveaux systèmes de conservation et de cuisson des aliments, elle a révolutionné la vie quotidienne. Mais lorsque l'on regarde du côté de l'ethnologie, la division sexuelle pour la poterie est bien moins marquée que pour le travail de la pierre ou des végétaux. Il apparaît, comme pour la cuisine et la couture, que la poterie devient une activité masculine lorsqu'elle sort du foyer et tend à se professionnaliser.

Si les femmes ont bien pratiqué tous ces arts, on peut admettre qu'elles ont largement contribué à l'amélioration des conditions de vie et à l'avancée technologique globale de l'humanité. Le tressage des végétaux a permis de développer l'art de la vannerie. Celle-ci a permis de confectionner toutes sortes de récipients utiles à la pêche, à la collecte massive de baies et autres végétaux, au transport d'objets, voire de bébés. La couture des peaux servait à se protéger du froid, à fabriquer la couverture des tentes et des contenants pour la conservation des aliments liquides ou solides. Plus tard, la poterie a permis de transporter des denrées plus intensivement et plus loin. Les femmes ont donc joué, à travers ces activités productives cruciales, un rôle essentiel non seulement pour la survie mais aussi pour l'épanouissement culturel des groupes de la Préhistoire.

Femmes artistes

En matière d'art préhistorique, les merveilleuses peintures et gravures des grottes ornées ont très tôt attiré l'attention des chercheurs. Pourtant, pendant très longtemps, l'identité des créateurs de ces œuvres n'a même pas été questionnée. Comme si, de toute évidence, seuls les hommes détenaient le monopole des premières créations artistiques de notre histoire.

La question est pourtant légitime : la femme du Paléolithique supérieur a-t-elle pu être artiste ? Cette hypothèse n'était pas envisageable pour les premiers préhistoriens du XIXe siècle qui vivaient dans un monde où les femmes ne pouvaient toujours pas aspirer à l'égalité en matière de création picturale – à la fin du siècle, on les privait toujours de certains cours aux Beaux-Arts, notamment l'atelier des nus masculins pour des motifs de décence. Pourtant, Michèle Coquet témoigne que dans de nombreuses populations les femmes sont considérées comme des artistes légitimes :

> *Chez les Pygmées du Congo, il existe des femmes peintres : elles peignent sur des écorces battues des motifs abstraits avec du suc d'arbre... Chez les Aborigènes australiens anciens, les femmes ont leur propre répertoire de peintures corporelles et exécutent aussi des dessins sur le sol pendant des cérémonies.*

Alors, pourquoi ne pas envisager des femmes de la Préhistoire sculptrices ou peintres ? Après tout, elles ont toujours occupé une place particulière dans l'art préhistorique en tant que sujet privilégié… Depuis les délicats visages portraiturés sur les plaquettes de la grotte de la Marche jusqu'aux silhouettes sculptées des Vénus de l'époque gravettienne, la femme inspire… Et il est possible que certaines d'entre elles aient posé pour des artistes ! Un chercheur américain a même émis l'hypothèse que les femmes du Paléolithique s'étaient représentées elles-mêmes en se regardant en plongée, ce qui expliquerait la déformation de certaines parties du corps ! Si cette idée est jugée saugrenue par la plupart des préhistoriens – il suffisait aux femmes d'observer leurs compagnes pour connaître leur anatomie –, leur rôle dans l'art est aujourd'hui sérieusement questionné.

Avant d'imaginer des femmes en maîtres d'atelier tels des Léonard de Vinci des temps anciens, on peut en premier lieu s'interroger sur leur place dans l'acquisition des matériaux nécessaires à la création des œuvres. En effet, comme on l'a vu plus haut, les artistes du Paléolithique supérieur n'hésitaient pas à employer des pigments rares et exotiques, pour l'acquisition desquels de longues expéditions étaient parfois nécessaires. Or rien n'empêchait les femmes, marcheuses aussi endurantes que les hommes, de faire partie de ces équipées… Mais aucun indice ne nous permet de l'affirmer non plus !

Quoi qu'il en soit, un tel soin apporté à l'approvisionnement des matières colorantes montre bien à quel point les productions esthétiques avaient une place importante dans le système symbolique et social des groupes humains de l'époque. Le temps passé à réaliser des panneaux somptueux – comme celui des chevaux ponctués du Pech Merle, dans le Lot – laisse peu de place au doute. Lorsque l'on admire ce célèbre panneau, des mains négatives encadrent les figures animales. Elles ont été réalisées selon le principe du pochoir, les artistes ayant soufflé du pigment autour de leurs mains plaquées sur les parois. À qui appartenaient donc ces mains dites négatives ? Il est bien possible que les avancées de la biologie puissent apporter une réponse.

Dean Snow, professeur d'anthropologie de l'université de Pennsylvanie, a cherché à déterminer le sexe des auteurs des mains négatives. Il a pour cela utilisé l'indice de Manning, selon lequel la proportion entre les longueurs de l'index et de l'annulaire n'est pas la même chez les hommes que chez les femmes. À partir d'un logiciel d'analyse morphométrique, lui et son équipe se sont lancé le défi de mesurer les mains préhistoriques sur les parois des grottes. La tâche était semée d'embûches, car, comme le fait justement remarquer Sophie A. de Beaune, « la plupart des mains négatives sont incomplètes... et donc difficiles à analyser selon l'indice de Manning » !

Seules trente-deux mains complètes observées dans huit grottes, dont El Castillo en Espagne, Gargas et Pech Merle en France, ont pu être analysées. Or, il s'est avéré que vingt-quatre d'entre elles étaient féminines. À Pech Merle, elles sont là, positionnées juste en dessous des majestueux chevaux, célèbres pour leurs points sur la croupe !

On peut ainsi en conclure que les femmes ont pris part d'une manière ou d'une autre à la réalisation de certaines des œuvres pariétales. Mais il est illusoire de penser que nous pourrons un jour quantifier le nombre d'artistes femmes ayant officié dans les grottes.

Que signifiait la présence de ces mains féminines près des œuvres ? Étaient-elles des signatures, à l'instar de ces peintres aborigènes qui marquent leurs œuvres de leurs empreintes ? Cette hypothèse, qui permettrait d'affirmer que les femmes ont bel et bien été des artistes, séduit nombre de chercheurs. Mais rien ne certifie que les créateurs aient voulu affirmer leur identité à côté de leurs œuvres, d'autant que certaines mains sont isolées ! Il est possible qu'elles aient eu une fonction purement décorative ou bien, comme dans d'autres cas connus à travers le monde, qu'elles aient simplement été déposées pour marquer le lieu d'un passage, à l'instar des graffiti modernes. La présence de mains féminines démontre en tout cas que les femmes ont fréquenté et bravé l'obscurité des grottes à l'égal des hommes. Et d'autres types d'empreintes sont d'ailleurs là pour le confirmer…

Nous avons suivi le préhistorien Philippe Galant dans les méandres de la grotte d'Aldène, dans l'Hérault, pour décrypter les indices du passage des humains préhistoriques. Sur le parcours, il nous indique des traces de torche sur la paroi, plus précisément du charbon brûlé. Pour lui, il s'agit d'un marquage intentionnel pour baliser le chemin. Ces marques constituent ni plus ni moins qu'un fil d'Ariane permettant de ressortir sans problème de la grotte après une exploration ! Elles ont permis aux archéologues de préciser la distance jusqu'où des individus se sont aventurés à l'intérieur de ces galeries souterraines. Mais pas seulement…

L'analyse attentive de ces marques a indiqué aux chercheurs la morphologie des torches de nos ancêtres. Entre dix et seize petits bouts de bois de genévrier ont été rassemblés pour en faire un fagot. Cette information n'est pas anodine car, en reproduisant ces torches et en les enflammant, il a été possible de restituer combien de temps l'équipement pouvait éclairer la progression des préhistoriques ! « Une torche peut éclairer entre trente et quarante minutes, nous apprend Philippe Galant. En cumulant les marques de leur trajet, on s'aperçoit qu'ils ont dû passer jusqu'à trois ou quatre heures sous terre ! Une vraie exploration ! »

Une aventure au cours de laquelle la femme a joué un rôle tout autant que l'homme… Pour le savoir, il suffit de baisser le regard et d'observer la boue :

Ici, sur 30 m, on a des traces de pas. Entre cinq cents et six cents empreintes de pieds en tout ! Des tailles et des morphologies différentes sont repérées : on voit des enfants, des ados et quelques adultes. Autour d'une vingtaine de personnes, vingt-six, d'après les pisteurs...

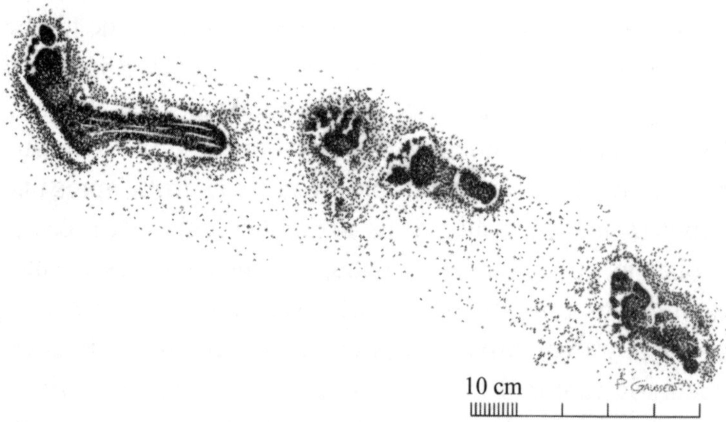

Des empreintes de pas préhistoriques dans la grotte d'Aldène (Hérault).

Philippe Galant accompagné d'Andreas Pastoors, de l'université d'Erlangen en Allemagne, ont souhaité comparer les résultats qu'ils avaient obtenus grâce à de savants calculs et à des données obtenues de manière plus traditionnelle. « Nous avons fait venir des pisteurs namibiens. Ils sont venus pour donner une vision complémentaire à notre démarche archéologique : avec une approche beaucoup plus sensorielle que la nôtre, fondée sur une longue expérience de vie. » Un programme de recherche sur les traces de pas a ainsi été mis en place. Inventaire, caractérisation des individus présents et description des mouvements des marcheurs ont été soigneusement répertoriés.

Les chercheurs ont fait travailler les pisteurs à l'aveugle – c'est-à-dire sans leur transmettre d'informations préalables – pour comparer leurs impressions à leurs propres résultats d'analyse.

> *C'est une science ! Ils sont confrontés au pistage depuis leur enfance car leur vie en dépend. Ils ont acquis des connaissances multiples et peuvent identifier les mouvements corporels associés à chaque empreinte.*

Huit jours de travail ont été nécessaires aux pisteurs pour reconstituer l'identité des marcheurs paléolithiques… Leurs méthodes d'observation et leurs protocoles de validation des hypothèses ont d'ailleurs impressionné les scientifiques : « Eux comme nous faisons des analyses cartésiennes sur des restes empiriques… Les pisteurs peuvent se tromper, bien sûr, mais au même titre que l'archéologue. »

Des femmes faisaient partie du groupe. Les pisteurs ont même été capables de déterminer que l'une d'entre elles avait les mains libres à l'aller mais qu'elle a dû porter une lourde charge sur le chemin du retour. Ses pieds s'enfonçaient davantage et ses pas étaient moins assurés en raison de cette charge supplémentaire. Qu'a-t-elle bien pu transporter ? Des pierres ? De l'argile ? Et si elle portait sur son dos, tout simplement, un jeune enfant dont les empreintes étaient bien visibles à l'aller mais s'étaient volatilisées au retour ? Fatigué après cette longue marche, le bambin aura probablement demandé à être porté.

En l'absence d'éléments tangibles, ne doit demeurer qu'une prudence scientifique élémentaire : « On a très souvent pensé que les artistes des grottes étaient des hommes, rappelle Sophie A. de Beaune. On ne peut pas affirmer que les femmes sont les auteurs des peintures magnifiques de Lascaux, Pech Merle ou Chauvet… Mais on ne peut pas non plus affirmer que ce sont les hommes ! Aucun indice scientifique ne permet de trancher dans un sens ou dans l'autre. »

Si tant est que les femmes aient été des artistes, leur talent leur donnait-il une ascendance sur les autres membres du groupe ? Sophie A. de Beaune n'en est pas certaine : « Les artistes avaient probablement un statut spécifique. Est-ce qu'on peut aller jusqu'à dire qu'ils avaient un "pouvoir" particulier, c'est un peu difficile à dire. »

La pratique de l'art a vraisemblablement été valorisée par les groupes préhistoriques… Car il est impossible d'imaginer que les artistes aient pu atteindre ce degré de connaissances techniques et d'expérience sans des milliers d'heures d'entraînement ! Geneviève Pinçon, en admirant les sculptures féminines de l'abri du Roc-aux-Sorciers, souligne les avantages dont les artistes préhistoriques ont dû profiter pour s'adonner pleinement à leur discipline.

Si c'est une sculptrice, on lui a aménagé son temps pour produire l'œuvre et elle devait être un personnage au sein de son groupe ! Je pense que le talent de chacun était repéré et servait au groupe dans l'intérêt général.

Lady Sapiens, une femme plurielle...

Après de longues heures d'exploration à la recherche des activités féminines préhistoriques, le rôle de Lady Sapiens se dessine plus précisément, malgré les quelques incertitudes qui persistent. Les parallèles entre les données ethnographiques et les vestiges archéologiques eux-mêmes permettent de proposer de précieux modèles, mais cela ne suffit pas toujours. Car les preuves directes incontestables qu'un travail a été exécuté par un homme ou une femme sont rarissimes. Et chaque situation décryptée pouvant aussi bien être exceptionnelle que normale, il faut se garder de généraliser trop hâtivement.

Il ne fait en tout cas aucun doute que les femmes de la Préhistoire ont été hyperactives et polyvalentes, au même titre que les hommes ! Il est du reste très probable que, au sein de groupes aussi restreints, la spécialisation n'ait pas été monnaie courante, car elle n'est guère favorable à la survie en cas de coup dur ! Ainsi, tout comme il semble aberrant d'imaginer des femmes bloquées dans leurs activités parce qu'elles ne savent pas produire un éclat en silex, il paraît impossible de croire des hommes inaptes à se préparer à manger en l'absence de femmes aux alentours ! La catégorisation tous azimuts des activités est bien souvent l'apanage des sociétés à fort effectif démographique. Si des individus ont pu assurer des activités spécialisées répondant à une envie ou à un talent particulier, la débrouillardise devait être de mise pour l'ensemble des membres de la communauté. Loin d'une relation de dépendance entre individus, il est plus plausible d'imaginer une relation de partenariat, une coopération entre tous avec un partage des tâches en fonction des compétences. Des communautés humaines où, comme nous l'avons vu, hommes et femmes ne vivaient pas exclusivement de la chasse, loin de là…

Et il est vraisemblable que les rôles assignés à l'un ou à l'autre sexe n'étaient pas aussi tranchés qu'ont bien voulu le croire les premiers préhistoriens. Comme souligné au début du présent chapitre, les Inuits modernes ont d'abord été observés à travers le prisme déformant d'une division sexuelle absolue, avant qu'une attitude plus rigoureuse ne permette d'apprécier la souplesse et le bon sens de l'organisation de leur société. De même, les lunettes du préjugé peuvent aujourd'hui être déchaussées pour tâcher d'aborder la question en matière préhistorique.

Il est fort possible que la gestion des identités sexuelles ait été bien plus ouverte et tolérante lors de la Préhistoire que de nos jours. Lady Sapiens pourrait peut-être apporter de l'eau au moulin de la déstructuration des stéréotypes de genre en cours dans notre société.

Chapitre 7

*

Femmes de pouvoir

Lady Sapiens était sans conteste une femme d'action. Grâce aux connaissances croisées de l'archéologie, de l'anthropologie et de l'ethnographie, nous savons aujourd'hui qu'elle s'impliquait dans de nombreuses activités du quotidien, essentielles à la survie des siens. Mère nourricière, chasseresse, collectrice, artisane, artiste et peut-être plus encore…

De récentes découvertes mettent en lumière son statut privilégié au sein des tribus du Paléolithique supérieur. Ainsi, les préhistoriens envisagent que Lady Sapiens ait parfois pu être une femme de pouvoir. Mais comment les archéologues peuvent-ils en retrouver les traces ? Le pouvoir, tout comme l'émotion, ne se fossilise pas. Pourtant, les formidables progrès de l'archéologie ouvrent de nouveaux champs interprétatifs. Le premier défi consiste à savoir quelles formes de pouvoir existaient au temps de Lady Sapiens.

Le pouvoir chez les chasseurs-cueilleurs

La femme a un statut fort, ça, c'est certain... mais difficile de savoir lequel !

Lequel ou lesquels ? Peut-on avancer au-delà du doute ici exprimé par Catherine Schwab et connaître le statut social dont Lady Sapiens a pu jouir ?

Les spécialistes ont aujourd'hui les moyens de répondre en partie à cette question. Il n'y a aucune raison pour que les femmes n'aient pas pris part aux activités importantes du groupe. Elles ont donc pu occuper des « postes à responsabilité » au même titre que les hommes.

Pour voir apparaître un pouvoir d'ordre économique, il faut attendre le Néolithique, vers – 10 000 ans avant notre ère, et surtout l'avènement des âges des métaux. Certains individus possèdent alors des accès privilégiés aux matières premières et aux réseaux de diffusion des marchandises. Au Paléolithique, des circuits d'échanges entre groupes distants existent déjà, mais la faible démographie des cellules humaines n'impose pas une régulation de ces flux par une figure d'autorité. Les riches marchands et les patrons de mines n'ont pas encore fait leur apparition. Il n'est pourtant pas exclu que, déjà, certains individus, hommes ou femmes, aient pu avoir des responsabilités spécifiques, reflet d'un certain pouvoir, en fonction de leurs aptitudes ou de leurs goûts pour des activités particulières. Michèle Coquet fait remarquer que « chez les chasseurs-cueilleurs, certaines femmes accèdent à un statut particulier en fonction de ce qu'elles ont été pendant leur vie : quand elles ont aidé le groupe à survivre dans des situations difficiles, par exemple». Cela nous met sur la piste d'une Lady Sapiens spécialement honorée dans son groupe, trouvant une reconnaissance grâce à ses multiples talents.

Comment les femmes du Paléolithique gagnaient-elles du prestige et du respect auprès de leurs congénères ? Les itinéraires de vie des chasseurs-cueilleurs étaient probablement aussi imprévisibles que les nôtres : les coups du sort, bons ou mauvais, s'invitaient quotidiennement dans l'existence du groupe. En cas de maladie, on s'en remettait au pouvoir du guérisseur et à ses remèdes principalement à base de plantes ; lorsqu'un conflit surgissait, il était précieux de recourir à un individu calme et au langage mesuré, un médiateur capable de restaurer l'harmonie. En cas de disette, le chasseur habile s'avérait indispensable. Face aux épreuves qui ne pouvaient être surmontées par aucun talent particulier (catastrophe naturelle ou météorologique, épidémie frappant le gibier, etc.), il est possible qu'aient existé des individus capables d'interférer auprès des esprits ou des puissances supérieures, ceux que l'on appelle communément des chamanes, bien que leur existence soit purement hypothétique. Or, on sait grâce à l'ethnographie que les femmes chamanes sont connues dans certaines populations.

Voyons ce que l'état de la science nous permet de dire, plus précisément, du pouvoir de nos aïeules.

Des chefffes en puissance ?

Nos ancêtres de la Préhistoire ont-ils créé les premières chefferies ? La présence d'une personnalité dominante, détenant un pouvoir décisionnaire particulier au sein du groupe, existait-elle déjà au Paléolithique ? Pour Michèle Coquet, chercher à découvrir qui étaient les chefs de la Préhistoire relève peut-être d'un anachronisme :

> *Les sociétés de chasseurs-cueilleurs sont relativement égalitaires. Parler de « chef » est souvent inapproprié, même s'il y a des personnalités qui deviennent centrales par leur talent à la chasse ou leur capacité à régler les conflits dans le groupe. Une femme a tout à fait pu avoir une semblable position !*

Ce statut se serait accompagné d'avantages, de prestige et de respect. Par exemple, chez les populations vivant autour du cercle polaire arctique, la distribution des viandes se fait en fonction de l'importance des individus : les meilleurs morceaux – les plus gras – iront aux plus respectés, les invités de marque, les anciens, etc. Selon Michèle Coquet, « on peut tout à fait envisager que des femmes aient acquis une position de “référente” dans leur communauté. Quelqu'un à qui on vient demander de prendre des décisions pour le groupe parce qu'elle est capable, intelligente, fédératrice dans le cadre du vivre-ensemble ».

Dans les sociétés préhistoriques, raffinées et sensibles aux représentations (cf. chapitre 3), les individus importants devaient être identifiables au premier coup d'œil. On peut donc légitimement penser que les hommes et les femmes très soigneusement parés l'étaient pour marquer leur distinction sociale. D'ailleurs, le vêtement ou les ornements exotiques – donc rares – sont souvent le signe d'un statut particulier. Pour le Paléolithique supérieur, c'est dans les sépultures les plus fastueuses qu'un certain nombre d'indices transparaissent. Car si le pouvoir en lui-même ne se fossilise pas, quelques marques de prestige accompagnent le défunt dans sa dernière demeure. Dani Nadel explique que les femmes n'étaient pas moins dotées que les hommes dans leurs sépultures :

> *Près du kibboutz Ein Gev, il existe un site vieux de 21 000 ans... On y a trouvé une hutte à l'intérieur de laquelle on avait inhumé une femme. Elle était recroquevillée et il y avait un grand plat en basalte tout près d'elle, qui pourrait être un indice de ce qu'elle était. On enterrait donc les femmes et les hommes avec le même respect. Peut-être parce qu'ils avaient des fonctions similaires !*

D'autres exemples de sépultures paléolithiques plaident en faveur d'individus au statut privilégié, voire prestigieux, indépendamment de leur sexe.

La majesté de la Dame du Cavillon

C'est dans le complexe des grottes des Baousse Rousse, en Italie, qu'a été découverte la Dame du Cavillon. Le site recèle un premier indice précieux qui révèle le respect que la tribu témoignait à cette femme. Le professeur Henry de Lumley décrit, avec un émerveillement que le temps n'a pas su altérer, le déroulé probable de cette inhumation :

> *Cette femme avait certainement un rôle important dans la société. Au moment de sa mort, à l'âge de trente-sept ans, elle a été inhumée d'une façon splendide ; tous les personnages n'étaient pas enterrés aussi royalement. À l'entrée de la grotte du Cavillon, cette dame a bénéficié d'un rite funéraire très élaboré autour du cheval. Un poinçon en os de cheval a été placé devant son visage ; au-dessus de la sépulture, on a découvert une pendeloque taillée dans un métapode de cheval (os du pied de cheval) ; à 1,60 m au-dessus du sol, un magnifique équidé a été gravé sur la paroi.*

En plus de ce cheval gravé, plusieurs objets remarquables accompagnent la Dame du Cavillon dans la mort : deux fines lames taillées dans du silex provenant d'une carrière distante de plus de 150 km de la grotte et, surtout, une coiffe tressée de coquillages méditerranéens, bordée d'une centaine de canines de cerfs mâles et femelles. Juste avant son ensevelissement, le corps a été entièrement recouvert d'ocre rouge.

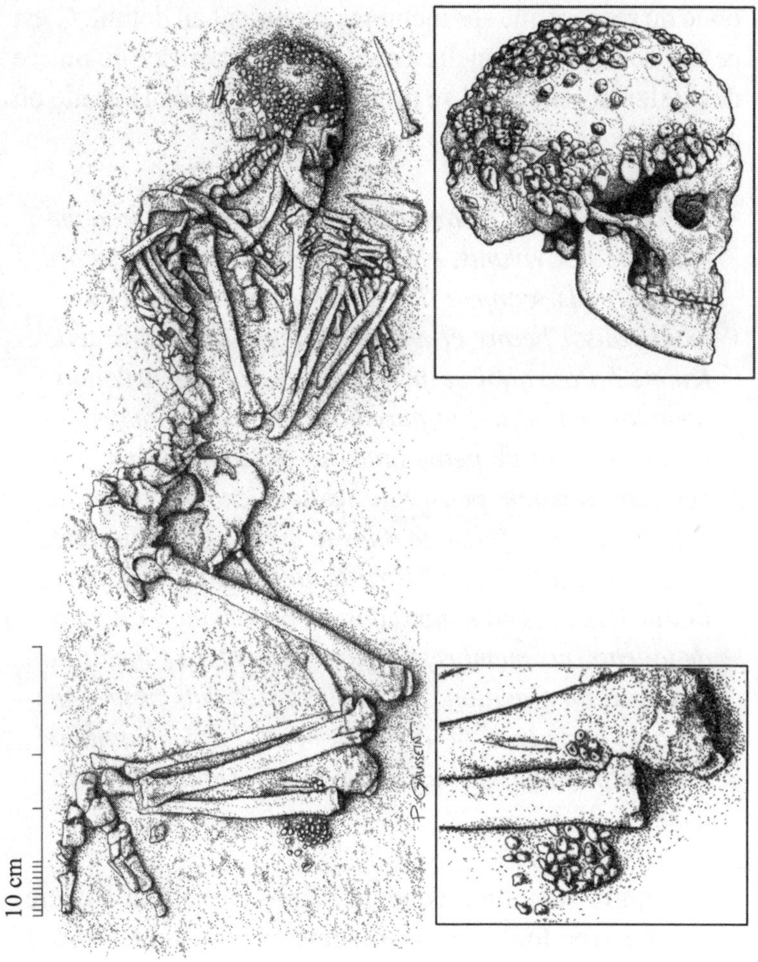

Sépulture de la Dame du Cavillon telle qu'elle a été découverte dans la grotte éponyme (Ligurie) par Émile Rivière en 1872.

Une sépulture est le fruit du travail du groupe, et témoigne donc du respect que ses membres accordent au défunt. C'est ce que souligne Antonella Traverso, conservatrice du musée des Balzi Rossi, lequel se trouve juste à côté de la grotte où a été découverte la Dame du Cavillon :

Pourquoi une communauté préhistorique, la communauté des vivants, s'est-elle privée d'objets encore fonctionnels, comme des lames de silex, ou d'ornements aussi beaux et riches, et les a donnés à cette femme ? Pourquoi se priver de ces objets précieux, pour lesquels il fallait parcourir tant de kilomètres et se donner tant de peine pour les obtenir ? Selon moi, ces gens devaient penser qu'ils devaient être utiles au défunt pour son passage dans le monde de l'invisible. Cela nous dit de façon indirecte qu'il existait une spiritualité dans ces communautés préhistoriques, au point de fournir aux membres les plus influents, à l'instar de la Dame du Cavillon, des objets essentiels pour leur voyage, pour leur vie après la mort. La communauté des vivants avait un respect très important pour cette femme.

Une autre sépulture, celle de Saint-Germain-la-Rivière, témoigne avec force de ces traitements post-mortem privilégiés accordés aux personnes importantes.

La belle endormie de Saint-Germain-la-Rivière

Le site de Saint-Germain-la-Rivière est un abri sous roche qui se trouve en Gironde, au pied d'une falaise, dans la vallée de la Dordogne. Il y a environ 15 700 ans, à la période magdalénienne, un groupe d'individus est venu y enterrer une femme.

Cette découverte exceptionnelle révèle une véritable tombe, creusée pour préserver le corps de la défunte. Les ossements n'ont pas été dérangés malgré les millénaires, preuve d'un soin particulier à tenir le cadavre hors de portée des agressions des charognards. Marian Vanhaeren détaille la reconstitution muséale de cette dernière demeure, qui « appartenait à une jeune adulte, une femme. Elle était bien protégée : deux dalles autour et deux dalles au-dessus d'elle. »

La défunte « était recroquevillée en position fœtale », une position funéraire courante à cette époque. Autour d'elle, des biens précieux en quantité : « beaucoup d'ocre et des objets de parure ».

Son costume et ses bijoux totalisent en effet plus de soixante-dix craches de cerf. Les dents ont été soigneusement sélectionnées en fonction de leur forme afin de composer des paires. Les experts ont pu déterminer qu'au moins soixante-cinq cerfs différents ont fourni les craches qui ornaient la dame. Et ces dents n'ont pas été choisies au hasard : « Ces animaux étaient surtout des jeunes mâles : ce sont eux qui produisent les plus belles craches. »

Ces objets ont été transmis sur un temps long à l'occasion de divers échanges. Cette hypothèse n'a rien d'étonnant si l'on considère que la sépulture a été édifiée à une période où les cervidés avaient délaissé la région qui était alors totalement déboisée à cause du froid qui y régnait. Les craches de la Dame de Saint-Germain-la-Rivière sont donc des objets exceptionnels qui ne pouvaient être récoltés dans l'environnement immédiat du site. « On pense que ces objets étaient exotiques, qu'ils venaient de loin », très certainement bien plus au sud, voire au-delà des Pyrénées, où les forêts étaient alors présentes et le climat plus tempéré.

Pour la spécialiste, cela constitue un indice supplémentaire du statut exceptionnel de la défunte :

Dans les sociétés traditionnelles, les objets exotiques avec des formes standardisées sont toujours des objets de prestige. La Dame de Saint-Germain-la-Rivière aurait donc eu un statut particulier, marqué par ses ornements... On a accumulé ces objets au cours du temps pour elle, pour les déposer dans sa sépulture.

Le professeur Dani Nadel fait le même constat dans les ateliers du site d'Ohalo, en Israël :

Nous avons découvert sur le site des centaines de perles façonnées à partir de deux espèces de coquillages : l'une, le dentallium, un coquillage fin et long comme une allumette. Les artisans l'ont découpé en lamelles. On y a trouvé aussi des perles percées réalisées dans un autre type de coquillage, baptisé « columbella ». Ces deux espèces n'ont jamais vécu près du lac de Tibériade, même pendant la dernière ère glaciaire.

On sait donc qu'ils ont été apportés de la Méditerranée, voire de la mer Rouge. Cela nous indique que les gens, à cette époque, investissaient beaucoup de temps et de moyens pour fabriquer ces perles à partir de matières premières exotiques. C'est peut-être lié à la décoration… aux femmes… Mais peut-être n'y a-t-il pas de lien avec le genre… Quoi qu'il en soit, on en a trouvé des centaines.

Ces femmes pour qui les autres membres du groupe ont accumulé des bijoux ont-elles dirigé les communautés humaines de l'époque ? Si tel est le cas, les statuettes de Vénus pourraient-elles figurer ces cheffes ? Car l'histoire nous apprend que les puissants aiment se faire portraiturer. Cette profusion d'art féminin constituerait-elle la preuve du leadership de certaines femmes ? Catherine Schwab se demande s'il est pertinent d'utiliser les représentations artistiques pour estimer le poids politique d'un genre au sein du groupe : « Les représentations féminines sont beaucoup plus nombreuses que les représentations masculines. De là à extrapoler et à imaginer des sociétés matriarcales où c'est la femme qui dirige les groupes plutôt que les hommes… c'est peut-être aller un peu loin ! »

« L'importance capitale de la fécondité féminine pour la survie du groupe me fait penser que les humains ont bâti un système matrilinéaire[1] », avance Marylène Patou-Mathis,

1. Par opposition au système patrilinéaire, un système social est dit matrilinéaire quand l'ascendance maternelle y est prédominante.

tout en soulignant la difficulté de l'exercice car, dit-elle: « Nous n'avons pas de preuve pour parler de matriarcat généralisé. »

Le matriarcat primitif, une société dans laquelle le pouvoir serait détenu par les femmes, est une utopie qui a collé à l'image de la Préhistoire dans les années 1970, lors de l'arrivée des archéologues féministes au sein de la discipline. Ce matriarcat était pour elles synonyme d'une organisation sociale peu guerrière et relativement égalitaire. Un tel paradigme permettait à ces féministes de se dresser contre le système dans lequel elles se sentaient brimées, qu'elles jugeaient phallocratique et violent. Ce à quoi il leur a été répondu que de telles sociétés matriarcales n'existent pas. La vérité est plus nuancée, puisqu'on en trouve de rares exemples, comme les Minangkabau de Sumatra et les Yanzi du Zaïre. Toutefois, ces sociétés matriarcales sont très minoritaires parmi les populations modernes et traditionnelles actuelles. Mais cela ne prouve pas qu'elles n'ont pas pu être présentes, voire dominantes, il y a 30 000 ou 15 000 ans. Il existe d'ailleurs une constante intéressante dans les mythes fondateurs africains… Nombre d'entre eux racontent que, dans les tout premiers temps de l'humanité, les femmes avaient le pouvoir sur les hommes. Trop curieuses, trop fortes ou trop guerrières, elles commettent souvent des erreurs qui génèrent chez les puissances supérieures une méfiance à l'égard des êtres humains. La situation doit donc être inversée et la femme soumise à l'autorité masculine pour un retour à la normale.

Que les sages d'Afrique aient raison ou non, certains arguent que les femmes ont eu la possibilité d'obtenir le pouvoir en tant qu'épouse ou fille de l'homme le plus influent du groupe. Cela est possible dans certaines sociétés, mais pas dans toutes, comme nous l'explique Michèle Coquet : « Chez les Inuits, les femmes de chef ont un statut particulier. Mais chez les chasseurs-cueilleurs, c'est très rare qu'un mariage soit le moteur d'une distinction sociale. »

Pour accéder à un statut important chez les chasseurs-cueilleurs, le talent et l'expertise dans un domaine précis semblent donc la voie principale. Et il est un champ dans lequel les femmes ont pu se distinguer très tôt : celui des premières connaissances médicinales.

Le pouvoir de guérir

Si la femme connaissait les propriétés des plantes, elle est peut-être à l'origine de la médecine.

C'est ce que souligne Sophie A. de Beaune : si nous avons désormais de bonnes raisons de penser que les femmes se démarquaient par leur expertise dans la sélection des plantes utiles à l'alimentation et à la confection d'objets du quotidien, d'autres fonctions encore plus vitales sont également à prendre en considération.

En effet, les plantes sont au cœur des soins, depuis les premières crèmes hydratantes jusqu'aux antiseptiques essentiels à la survie en cas d'infection. Dani Nadel a retrouvé des vestiges de plantes non alimentaires dans le site d'Ohalo :

Outre les graines de céréales, on a découvert sur le site des graines de plantes médicinales. On a donc des plantes alimentaires, des fruits comestibles, des espèces cueillies pour leurs vertus thérapeutiques[1]*, et peut-être même pour leur beauté.*

Cet usage des plantes, il y a 19 000 ans, n'étonne pas les archéologues, qui ont pu montrer que les Néandertaliens utilisaient déjà, il y a 49 000 ans, des cataplasmes de plantes pour calmer les maux de dents ! Dans la grotte d'El Sidrón, en Espagne, un individu a traité un abcès dentaire à l'aide d'une pâte végétale contenant des bourgeons de peuplier riches en salycate, une aspirine naturelle. Les chercheurs ont identifié ce remède en analysant le tartre dentaire fossilisé du « patient », une source précieuse d'informations.

Plus récente, toute une armoire à pharmacie a été détectée dans les coprolithes humains retrouvés dans l'abri sous roche de la Pedra Furada, au Brésil. Ces excréments fossiles vieux d'environ 8 000 ans ont révélé la consommation de plantes non alimentaires probablement absorbées à des fins pharmaceutiques. Dans la trousse de secours des chasseurs-cueilleurs brésiliens, on trouve de quoi guérir toutes sortes de maux. Les problèmes intestinaux étaient traités grâce à la consommation d'antidyssentériques extraits d'arbres comme le Caesalpinia et le Terminalia. On note aussi l'usage de vermifuges comme le Chenopodium

1. Le tamaris, très utile pour soigner les blessures, le chardon, pour apaiser les maux de ventre, ou le mélilot, pour ses vertus coagulantes.

et le Bauhinia. Et on soulageait les digestions difficiles grâce à l'infusion de petites plantes à fleurs blanches – cabeça-de-velhô (tête de vieux monsieur). Des herbacées de la famille des Malvaceae, dont les feuilles peuvent limiter l'infection des blessures, ont également été ingérées. Pour calmer la douleur, les feuilles d'embauva étaient utilisées. Enfin, les problèmes des voies respiratoires étaient traités avec le *marmeleiro* ou *velame* : l'écorce de Cohoba Anadenanthera, (l'« *angico* », comme on l'appelle là-bas), un puissant expectorant.

Plus proches de nous, il est fort possible que les derniers chasseurs-cueilleurs du Mésolithique de Scandinavie aient employé la bétuline, qui se trouve dans le brai de bouleau, un antiseptique puissant. C'est ce que semble révéler la découverte réalisée en décembre 2019 par des chercheurs de l'université de Copenhague. Il y a 5 700 ans, au Danemark, une femme a mâché une pâte à base d'écorce de bouleau chauffée. Or, l'analyse de l'ADN ancien de sa salive a révélé qu'elle souffrait d'une mononucléose infectieuse. Il est possible qu'elle ait aussi été désireuse de soigner ses différents maux de bouche, dont un herpès, là encore révélé par des marqueurs ADN. Il faut cependant préciser que le brai de bouleau a couramment été utilisé depuis le Paléolithique moyen comme colle pour fixer des éclats de silex sur un manche ou une hampe. Cette femme a donc aussi bien pu mâcher cette pâte afin de la ramollir avant son application sur un outil. Cette gomme à mâcher n'est pas unique, une autre découverte comparable a été faite en mai 2019 en Suède. Dans un site mésolithique daté de plus de 9 000 ans et fouillé à la fin des années 1980, des archéologues suédois ont découvert dans une fosse une centaine de ces chewing-gums de couleur sombre, de la taille d'un pouce, criblés de marques de dents. L'analyse chimique de certains de ces morceaux a confirmé qu'il s'agissait bien de brai de bouleau. De l'ADN humain a été identifié sur trois de ces échantillons, deux étaient féminins et l'un masculin. Au vu de la taille des dents, estimée à partir des marques laissées sur la gomme, les « mâcheurs » étaient des jeunes âgés de cinq à dix-huit ans.

Quoi qu'il en soit, il est très vraisemblable que les préhistoriques maîtrisaient l'usage thérapeutique des plantes, et les femmes, en tant que gardiennes du monde végétal, ont potentiellement été les premiers médecins de l'humanité.

De la médecine à la magie, la frontière est parfois mince. Chez bon nombre de populations traditionnelles, les chamanes et les sorciers sont avant tout des thérapeutes. Et ces rôles ne sont pas refusés aux femmes ! En Asie centrale, par exemple, celles qui connaissent bien les végétaux peuvent devenir chamanes lorsqu'elles sont âgées. Elles soignent grâce à l'usage des plantes, mais aussi par l'apposition d'objets magiques et l'entremise de saints musulmans. C'est ce qu'expliquait à l'ethnomusicologue Jean During une vieille chamane du sud du Kazakhstan âgée de quatre-vingts ans, très fière d'appliquer avec succès son couteau sur les blessures des patients afin d'anéantir leur douleur.

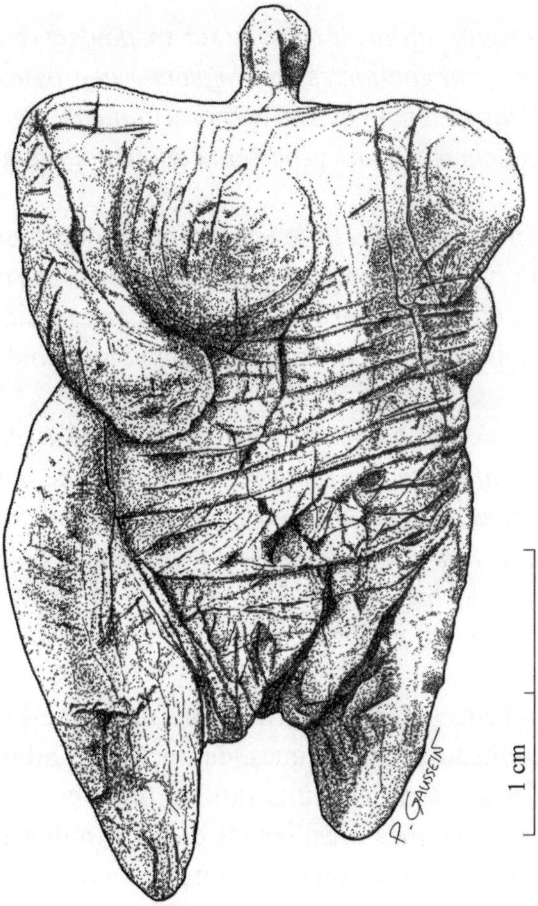

La célèbre Vénus de Hohle Fels (Allemagne), petit pendentif représentant une femme à la fente vulvaire marquée et aux seins opulents, a-t-elle été une amulette prophylactique ?

Quelques archéologues font ainsi le lien entre féminité et magie à usage médical. Dans le pendentif en forme de Vénus retrouvé à Hohle Fels, en Allemagne, Nicolas Conard se plaît à voir une fonction magique et obstétrique :

J'imagine qu'avoir ce bijou sur soi pouvait rendre les femmes plus confiantes pour affronter la grossesse, qui implique un changement corporel radical, mais aussi l'accouchement, un événement capital pour le groupe.

Difficile d'imaginer qu'un pouvoir magique tourné vers la féminité et l'accouchement n'ait pas été entre les mains des femmes, qui possèdent les connaissances empiriques de la parturition. Nicolas Conard reste malgré tout prudent :

Je spécule, bien sûr, mais je vois plutôt cette statuette faite par une femme, portée par une femme et transmise de génération en génération. Le savoir associé à la reproduction humaine et à l'accouchement, mais aussi bien d'autres aspects de la fécondité au sens large ont pu être transmis avec cet objet.

Dans cette perspective, que dire de la présence, dans les excréments préhistoriques, de traces de l'arbre tropical « Pau-ferro » dont les fruits infusés provoquent l'avortement ? Les femmes brésiliennes du VIIIe millénaire avant notre ère se sont peut-être murmuré ce secret de génération en génération afin de réguler la natalité.

Il paraît très naturel aux préhistoriens d'imaginer des femmes médecins… Il devrait en être de même des fonctions magico-religieuses, puisque celles-ci vont souvent de pair avec les connaissances en pharmacopée. Pourtant, le chamanisme de la Préhistoire a toujours été associé à des hommes… La faute, peut-être, à ces quelques très rares représentations de personnages masculins (on en compte moins d'une dizaine) dont les yeux exorbités semblent regarder vers un monde invisible. On en veut pour preuve le personnage mi-homme, mi-animal de la grotte magdalénienne (entre 17000 et 10000 ans avant le présent) des Trois-Frères, dans l'Ariège, appelé traditionnellement le Sorcier.

Le Sorcier de la grotte des Trois-Frères (Ariège)
regarde le spectateur de ses yeux exorbités.

Un anthropomorphe avec des oreilles et des bois de cervidé se tient debout dans une attitude théâtrale. Ce personnage barbu arbore une queue de cheval et un appareil génital masculin bizarrement placé. Il est possible que ces attributs soient postiches, au même titre que le couvre-chef en bois de cervidé. Pourquoi alors ne pas imaginer, sous ce costume rituel, une jeune femme pour qui le monde des végétaux n'a plus de secret ? Francesco d'Errico n'exclut pas que des femmes aient pu entrer en relation avec les puissances invisibles :

> *Dans certaines populations sibériennes, des femmes ont été chamanes : elles pouvaient communiquer avec les morts, soigner les maladies. Des données comme celles de la tombe de Saint-Germain-la-Rivière semblent aller dans cette direction... Rien n'empêche de penser que les femmes du Paléolithique supérieur n'aient pas pu avoir des rôles sociaux équivalents à ceux des hommes dans le domaine rituel comme dans tous les autres domaines de la vie sociale !*

En effet, le lien entre les femmes et le chamanisme est connu en anthropologie sociale. C'est notamment le cas chez les Nenets de Russie et les Buryats de Mongolie. Elles jouent du tambour et font des offrandes de lait de yack pour communiquer avec les dieux, les fantômes et les ancêtres.

Les femmes préhistoriques ont donc pu intercéder entre les humains et les puissances supérieures. Une fonction magique, qui, pour certains, suggère que les premières formes de spiritualité ont pu émerger dans l'obscurité du monde souterrain. Pour d'autres, l'art pariétal serait lié à une mythologie articulée autour du monde animal. Mais tout cela reste très spéculatif : le voyage du – ou de la – chamane est essentiellement un voyage de l'esprit et ne se fossilise pas.

Qu'en est-il alors des centaines de Vénus sculptées dans l'ivoire, l'os ou l'argile ? S'agirait-il des premières divinités auxquelles nos ancêtres aient voué un culte ?

Et si Dieu était une femme ?

Il faut bien admettre que l'on sait très peu de choses de la vie spirituelle de nos ancêtres du Paléolithique. Leurs croyances, transmises de génération en génération par tradition orale, se sont perdues dans la nuit des temps. Si les artistes ont peut-être représenté leur panthéon sur les parois des grottes et des abris par la gravure et la peinture, les clefs de compréhension de ces œuvres demeurent énigmatiques.

Ces animaux puissants, ces personnages hybrides – mi-humains, mi-animaux – et ces femmes sculpturales qui tournoient sur les parois sont-ils la représentation des entités qui, pour nos ancêtres, dominaient le monde ? Sont-ils des totems, des visions chamaniques, la représentation des ancêtres ou des esprits de la nature ? La force symbolique de ces œuvres préhistoriques reste aujourd'hui hors de notre portée !

Lorsque l'on part à la recherche d'une divinité, il faut en connaître les attributs. En effet, les dieux portent des symboles qui permettent aux fidèles de les reconnaître. Or la figure de la femme est souvent associée à certains invariants de représentation. Rappelons-nous à quel point les signes sexuels et la maternité sont mis en avant sur les Vénus paléolithiques : ventre rebondi, ligne pigmentaire typique des femmes enceintes et seins tantôt rebondis pour souligner l'allaitement en cours, tantôt tombants pour évoquer l'allaitement passé. La femme était-elle une figure de fécondité ? La fameuse « déesse-mère », que certains archéologues croient reconnaître dans des figurations féminines du Néolithique, trouverait-elle ses racines dans les temps paléolithiques ?

Les fresques gravées du Roc-aux-Sorciers pourraient suggérer que la femme était une figure symbolique liée au contrôle de la fertilité des groupes humains. Peut-être au point de devenir une déesse de l'amour et de la reproduction, une Vénus et une Gaïa tout à la fois. Catherine Schwab a passé au crible ces Vénus aux ventres arrondis :

> *Il y a des statuettes de femmes qui sont sur le point d'accoucher : je pense à celles de Grimaldi. Ce sont des images de femmes enceintes, on représente cet épisode de la vie des femmes... Cette emphase a forcément un sens !*

Pourtant, cette interprétation des Vénus préhistoriques comme figures de la « déesse-mère » n'est pas très populaire auprès des jeunes archéologues... La thèse soutenue pendant des décennies par la préhistorienne américaine Marija Gimbutas est aujourd'hui largement contestée. Le professeur Randall White explique ainsi comment nos interprétations sont influencées par notre propre présent :

Ces objets nous parlent, mais dans un langage que nous avons du mal à interpréter. Les types de questions que nous leur posons sont empreintes de préoccupations miroirs de leur époque. En France, après la Première Guerre mondiale, on commence tout à coup à voir dans ces représentations de la femme des symboles de fécondité, de fertilité. Il faut restituer cette interprétation dans le contexte du temps : le gouvernement met alors en place un énorme programme de relance de la natalité. Tant d'hommes ont été tués pendant la guerre que le rôle de la femme est explicitement celui de la reproductrice. Ce n'est probablement pas une coïncidence que la déesse-mère ait eu beaucoup de succès à cette période !

Ces efforts de contextualisation historique de la recherche sont nécessaires pour mesurer l'influence de la mentalité de son propre temps et les effets de mode en Préhistoire. Il est probable que le rejet actuel de la théorie de la déesse-mère préhistorique soit aussi représentatif de notre époque. Peut-être parce qu'après des centaines d'années à avoir été perçue comme un ventre la femme actuelle s'est lassée d'être une figure de l'enfantement… Pourtant, représenter la femme comme une mère ne revient pas à minorer son rôle dans la société ! Bien au contraire, « la parturition n'est pas un handicap ou une malédiction, souligne Oscar Fuentes avec force. C'est un moment de pouvoir de la femme puisque l'autre moitié de l'humanité n'est pas capable de porter la vie ! »

Dans le Musée de préhistoire de Blauberen, en Allemagne, qui conserve certains des plus anciens objets du quotidien des chasseurs-cueilleurs du Paléolithique supérieur et certains des premiers trésors artistiques de l'humanité, le chercheur Nicholas Conard porte une attention toute particulière à la Vénus de Hohle Fels. Pour lui, elle est emblématique de la puissance divine de la femme :

> *Nous sommes dans la salle la plus importante du musée : celle dans laquelle la statuette féminine de Hohle Fels est exposée. Elle a été trouvée à l'été 2008 sur un site archéologique qui se situe à quelques kilomètres d'ici seulement. Un site idéal pour interroger l'art, l'identité féminine et le rôle de la femme dans l'histoire de l'humanité !*

Quand il décrit la Vénus de Hohle Fels, il confie, les yeux brillants, devoir prendre sur lui afin de ne pas passer une demi-heure complète à détailler la morphologie du plus grand trésor retrouvé lors de ses fouilles : « Elle a été réalisée dans de l'ivoire de mammouth. Les caractéristiques ne laissent pas de place au doute : la poitrine, la vulve. Nous sommes bien face à une femme. »

Sur cette Vénus, la tête est absente. Ce n'est pas la seule partie du corps occultée : « Les jambes sont pratiquement inexistantes ! » Pour lui, ces caractéristiques démontrent clairement la volonté de l'artiste de représenter beaucoup plus qu'une personne : « Lorsque vous présentez un individu, son visage compte ! Ici, il n'est pas question d'un individu, il n'est pas question de mouvement : tout parle de la reproduction, de l'essence même de la femme. »

Nicholas Conard insiste sur le fait qu'il ne s'agit « certainement pas d'une représentation réaliste », car les femmes préhistoriques n'étaient pas si rondes… En tout cas, pas pour la majorité d'entre elles ! Toutefois, les canons esthétiques valorisant les femmes fortes varient beaucoup selon les sociétés : elles sont souvent le signe d'une certaine prospérité ; l'attrait actuel pour les silhouettes féminines filiformes est très récent. C'est en effet ce que souligne Catherine Schwab :

Dans de nombreuses civilisations du passé, une femme aux formes très rondes était le signe qu'elle avait de quoi se nourrir. Cela signifiait une certaine aisance. On peut imaginer retrouver ce type de critères chez des populations du Paléolithique. La maternité devait aussi rentrer en ligne de compte. Au travers de la mise en valeur de ces femmes dont le corps porte les stigmates de multiples grossesses, les artistes ont peut-être voulu représenter un symbole de la pérennité du groupe et même plus largement de l'humanité… pourquoi pas !

Pour Nicholas Conard, ces égéries ont même pu exprimer la fertilité au sens large, c'est-à-dire également dans le monde animal et végétal : « Certes, la reproduction humaine est essentielle à la survie du groupe mais elle est surtout partout dans la nature : dans les plantes, les animaux. Tout ce qui nous entoure est un univers de vie et de reproduction essentiel à la survie, pendant l'âge de glace. »

Malgré les attributs sexuels fort marqués de la Vénus de Hohle Fels, Nicholas Conard ne se résout pour rien au monde à y voir une figure érotique. Pour lui, la femme préhistorique représentée avec des courbes généreuses « est une analogie du monde qui entoure nos ancêtres. Elle porte en elle le règne animal, végétal, le cycle des saisons ». Elle est en somme le symbole de l'Univers.

Cette hypothèse est particulièrement séduisante et valorisante pour nos aïeules féminines. Toutefois, le professeur émérite Denis Vialou nous met en garde contre la tentation de généraliser :

Il ne faut pas enfermer les Vénus de la Préhistoire dans un cadre qui serait absolu [...]. Le concept de « déesse-mère » qui leur a été attribué est essentiellement lié à l'historique de ces découvertes. C'est nous qui inventons l'uniformité de ces statuettes.

Pour le chercheur, il semble périlleux d'imaginer qu'une divinité ait pu avoir une pérennité sur plusieurs millénaires sans le recours à l'écriture pour transmettre l'idéologie.

D'autres experts ne partagent pas ce point de vue. Pour eux, il est fort possible que ces statuettes soient des représentations de divinités et qu'un même discours ait circulé sur de larges aires géographiques. Certains imaginent même les statuettes de Vénus au centre de rituels religieux bien particuliers. Cela pourrait avoir été le cas de la Vénus de Hohle Fels, comme le pense Nicholas Conard. Lors de sa découverte, elle se trouvait sous le niveau le plus ancien de la première occupation humaine de la grotte.

Peut-être que ce groupe a creusé un trou pour y placer la Vénus. Lorsque nous l'avons découverte, la figurine féminine de Hohle Fels se trouvait à la base du niveau archéologique aurignacien (–38 000 ans). Cette période correspond à l'arrivée des humains modernes en Europe. C'est en creusant au-delà de cette couche stratigraphique aurignacienne que nous l'avons trouvée.

De telles statuettes retrouvées dans des fosses creusées dans l'habitat ont également été exhumées dans deux sites russes, Avdeevo et Kostienki I. Cet enfouissement serait-il la plus ancienne preuve de pratiques rituelles accompagnant des croyances ancestrales ? Il est intéressant de souligner que certains artistes ont produit intentionnellement des fragments de corps féminins. Mais pourquoi donc représenter un corps par segments ?

Certains chercheurs pensent qu'il s'agit là de la représentation d'un mythe : celui d'une déesse fragmentée dont on rejouerait l'épopée à l'ombre des grottes sanctuaires. L'historien et philosophe Michel Serres aimait à souligner que de nombreux récits mythologiques mettent en scène des dieux que l'on disloque… Depuis la cosmogonie des Dogon à la mythologie des Marind-Anims de Nouvelle-Guinée ou celle de l'Égypte pharaonique, les scènes mythiques où les corps sont coupés en morceaux, enterrés en des lieux distincts ou disséminés aux quatre coins du monde constituent pratiquement un invariant religieux. Serions-nous alors face à la preuve de l'existence d'un très ancien personnage mythique ?

L'hypothèse la plus simple et la plus probable est que les artistes choisissaient bien souvent de figurer la partie pour le tout, c'est-à-dire de réaliser une représentation métonymique[1] des hommes, des femmes et des animaux : c'est ainsi que les cornes de bouquetin suffisaient à figurer l'animal, la crinière le cheval, les larges bois palmés les mégacéros, la ligne dorsale avec sa bosse caractéristique le mammouth, le phallus dressé l'homme, et enfin la vulve et la poitrine la femme.

L'ORIGINE DU MONDE

D'autres représentations préhistoriques féminines semblent avoir une dimension mythologique. C'est ce que défend Boris Valentin, professeur à l'université Paris 1-Panthéon-Sorbonne, après avoir étudié avec son équipe une gravure de sexe féminin située au cœur de la forêt de Fontainebleau.

Trois fentes ont été sculptées par une main humaine, soulignant la forme triangulaire naturellement évocatrice de la roche. Le plafond bombé de cette cavité suggère un ventre rebondi et de chaque côté du pubis, deux blocs en relief évoquent des cuisses sur lesquelles deux chevaux galopent. Le style de ces équidés permet de dater la réalisation de ce panneau gravé d'environ 20 000 ans.

---

1. Figure linguistique dans laquelle un concept est désigné par un terme désignant un autre concept qui lui est relié par une relation nécessaire.

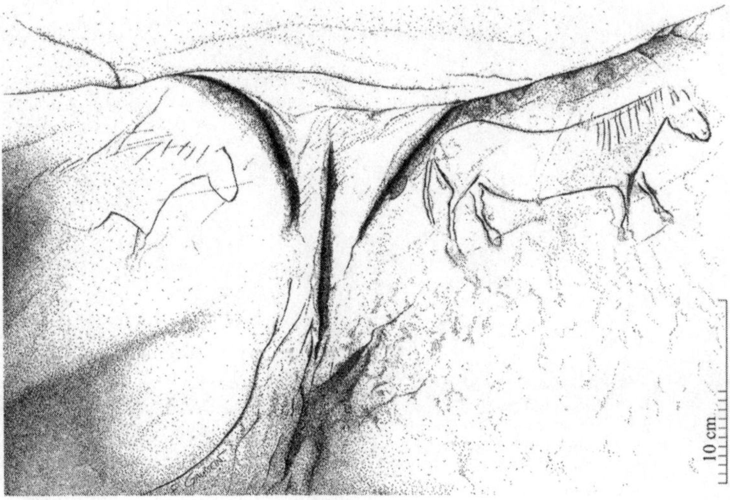

L'Origine du monde, version paléolithique, dans la forêt de Fontainebleau (Seine-et-Marne).

Cette œuvre a été réalisée au bout d'un étroit boyau qui évoque le passage du nouveau-né lors de l'accouchement. Les dernières observations de l'équipe archéologique démontrent que, lors d'une forte averse, la pluie coule naturellement le long de la fente centrale, suggérant peut-être la perte des eaux juste avant la naissance…

Pour le professeur Valentin, il s'agit là d'une version paléolithique du célèbre tableau « L'Origine du monde ». Tel un mythe fondateur, la femme de la Préhistoire serait à l'image de la matrice originelle par où le monde aurait été enfanté. Une cosmogonie de l'âge de pierre.

Postface

*

Lady Sapiens, si proche de nous

C'est souvent au terme d'un travail au long cours que l'on se met à repenser aux débuts. Au printemps 2018, tout juste après avoir refermé notre première investigation scientifique sur la disparition des Néandertaliens, le monde de l'archéologie ne cessait de communiquer autour de nouvelles découvertes sur les origines d'*Homo sapiens*. À la lumière de ces informations, nous avons d'abord naturellement pensé, avec Jacques Malaterre, à mener un travail autour d'une nouvelle histoire de l'homme. C'est là que s'est fait le déclic. N'était-il pas temps d'emprunter un autre chemin ? Et si, au-delà des remarquables travaux de synthèse écrits sur le sujet, nous tentions la toute première enquête de terrain pour redonner une existence non pas à l'homme des origines mais à la femme de l'âge glaciaire ? Cette nouvelle histoire de l'homme, nous étions déterminés à l'explorer, mais, cette fois, en dévoilant la vie occultée de son inséparable moitié.

Notre rencontre avec la préhistorienne Sophie A. de Beaune a été décisive. Elle a accepté d'être notre conseillère scientifique, à la fois sur le film *Lady Sapiens,* auquel a très vite cru notre productrice Sophie Parrault (Little Big Story), et sur le livre que vous vous apprêtez à refermer. Elle nous a accordé sa confiance en nous faisant partager ses travaux inédits, alors sous presse à Oxford University Press : une étude passionnante portant notamment sur la répartition des tâches entre hommes et femmes au Paléolithique supérieur. Nous avons alors pu mesurer l'énorme potentiel du sujet qui s'ouvrait à nous, et avons décidé d'aller encore plus loin en interrogeant la science en marche pour redonner vie à Lady Sapiens.

Après nos investigations menées dans les laboratoires des paléogénéticiens, des préhistoriens et des paléoanthropologues ; après de périlleuses explorations dans les obscurs boyaux des grottes ornées, dont nous avons scruté les parois et le sol plurimillénaire à la recherche du moindre indice ; après la rencontre avec les chercheurs qui ont minutieusement décrypté les statuettes féminines baptisées « Vénus » et étudié au microscope des vestiges archéologiques en matière périssable jusqu'ici restés invisibles ; après de nombreux échanges avec les ethnologues spécialistes des derniers peuples de chasseurs-cueilleurs et de leur environnement, nous sommes aujourd'hui en mesure de proposer une restitution du quotidien de Lady Sapiens tel que vous venez de le découvrir et d'affirmer, au-delà de notre intime conviction, que nos aïeules préhistoriques étaient des membres du clan essentiels à sa survie.

Cette enquête factuelle sur les activités quotidiennes des femmes *sapiens* du Paléolithique supérieur permettra, espérons-le, d'en finir avec un certain nombre de clichés récurrents. Les objets exhumés par les archéologues nous parlent et révèlent enfin, au-delà du seul rôle de mère nourricière, une Lady Sapiens sensible, soucieuse de son apparence, artisane de talent, indépendante et autonome dans la production des outils de son quotidien, pourvoyeuse des ressources alimentaires indispensables à la survie de ses congénères. Quant à sa participation à la chasse, une activité moins essentielle que le discours dominant a bien voulu nous le faire croire, elle ne fait plus aucun doute : certaines femmes du Paléolithique supérieur, à l'égal des hommes, ont lancé des armes pour mettre à mort le gros gibier, et elles ont vraisemblablement, le plus souvent, participé à des stratégies de chasse moins dangereuses. Surtout, on sait que Lady Sapiens a transformé les produits carnés avec talent.

Les chercheurs que nous avons rencontrés à travers le monde, en Europe, au Proche-Orient et aux États-Unis, s'accordent sur la place fondamentale de la femme au sein du groupe. La complémentarité des disciplines, parfois les plus inattendues, comme cette rencontre entre l'archéologie et des pisteurs namibiens cherchant à savoir à qui appartiennent les empreintes millénaires laissées sur le sol glaiseux du monde souterrain, permet désormais d'affiner au plus près notre compréhension des différents rôles des femmes des temps anciens : artistes, pionnières de la médecine au vu de leurs connaissances du monde végétal, figures respectées, voire célébrées. Nous pouvons faire nôtre la réflexion de Henry de Lumley : « La Dame du Cavillon avait forcément un statut particulier, puisqu'on lui a offert une sépulture exceptionnelle… La grande question est : lequel ? »

Nous ne saurons peut-être jamais si les femmes inhumées dans des circonstances privilégiées ont été chamane, cheffe ou épouse de chef, mais il est fort probable que la science finira, dans les décennies à venir, par lever le voile sur des éléments qui restent sans réponse à l'heure actuelle, d'autant que les outils à disposition des chercheurs ne cessent de se perfectionner.

Perspectives d'étude

L'amélioration des analyses physico-chimiques permettra de plonger toujours plus profondément dans la vie intime de nos ancêtres et d'en percer les secrets. À l'image du lien entre la mère et son bébé : qui aurait pu imaginer il y a encore quelques années qu'il serait possible de déterminer l'âge du sevrage du petit *Homo erectus* et de ses successeurs en étudiant, comme Vincent Balter dans son laboratoire lyonnais, les signatures isotopiques de l'émail dentaire ?

Grâce à la paléogénétique, l'ADN ancien aura bientôt toujours plus à nous raconter sur notre filiation, nos modes de rencontre, nos métissages. Nous pouvons à présent connaître les liens de parenté des individus inhumés ensemble, ainsi que l'évolution de leur apparence physique. Nous pouvons espérer percevoir les activités partagées entre hommes et femmes avec davantage de certitude en multipliant les analyses des restes humains. Si la contamination passée des échantillons par de l'ADN moderne nous prive de nombreuses données, elle est désormais beaucoup plus rare, puisque, depuis au moins une décennie, les paléogénéticiens se déplacent sur les sites pour effectuer des prélèvements dans des conditions optimales, empêchant ainsi toute pollution. Toutes ces avancées permettent et permettront de plus en plus de répondre à des questions actuellement en suspens.

Les progrès dans la précision des méthodes de datation autoriseront les chercheurs à établir une chronologie toujours plus fine des évolutions humaines en matière d'art et de technologie.

De nouvelles découvertes archéologiques nous attendent sur des sites restés inexplorés ou encore inconnus.

Une autre piste semble prometteuse pour comprendre ce qui a fait de nous des êtres humains. Les recherches sur l'origine de nos comportements sociaux montrent que notre évolution doit plus à nos choix de vie en communauté qu'aux innovations techniques, comme le souligne Jean-Jacques Hublin :

> *Les travaux de Sarah Hrdy et d'autres anthropologues sont très importants, car ils ont déplacé le projecteur qu'on braquait sur le progrès technique vers le progrès, non seulement social, mais surtout comportemental.*

Ainsi, un phénomène apparemment anodin peut révéler des mécanismes liés à l'évolution de notre mode de vie en communauté.

> *Il y a une pression de sélection qui favorise l'altruisme et l'empathie, car, de fait, ces groupes ancestraux ne devaient pas être le siège de trop de conflits. Les individus qui étaient les plus violents, ceux qui tuaient les autres, capturaient leurs femmes, je parle des mâles évidemment, eh bien ils ont été écartés, voire éliminés. Cela a généré des changements, non seulement de comportements, mais aussi morphologiques : nos traits physiques sont devenus au cours de l'évolution récente de plus en plus amicaux. Des caractères ont disparu, comme le bourrelet sus-orbitaire – des arcades sourcilières très prononcées –, trait puissant qu'on observe chez des formes anciennes d'homininés, au profit de sourcils très mobiles qui permettent toute une palette d'expressions et d'émotions. Tout cela va dans le sens de mieux lire l'esprit des autres, de communiquer, de développer de l'empathie.*

Cette évolution de la vie en communauté a nécessairement eu des répercussions sur les relations entre hommes et femmes, et créé un nouveau modèle social, que Sarah Hrdy et Jean-Jacques Hublin qualifient de « coopératif ». Ainsi, l'enfant en bas âge n'est plus celui d'une seule femme, puisque dès lors tout le groupe lui prête attention et lui prodigue des soins. Ce qui va augmenter ses chances de survie.

Aujourd'hui, ces nouveaux axes déplacent le centre de gravité de la recherche. La chasse ou les innovations technologiques ne sont plus les seuls champs d'investigation. Et le rôle des femmes ancestrales a une place essentielle et primordiale dans ces études.

Des rebondissements sont donc à prévoir ; les chercheurs d'aujourd'hui et de demain ouvriront la voie vers une compréhension toujours plus fine de l'origine de notre humanité commune. L'aventure de Lady Sapiens commence tout juste à se dessiner sous nos yeux…

Des cultures variées

Lors de cette enquête, nombreux sont les chercheurs qui ont insisté sur l'originalité de chaque population vivant en Europe pendant le Paléolithique supérieur. S'il est possible que des symboles et des représentations aient circulé entre les différents groupes, il est peu probable qu'ils aient partagé la même organisation sociale. Les rôles féminins ne peuvent donc pas être généralisés à partir de l'étude d'un seul site archéologique. Marian Vanhaeren nous enjoint à entretenir une spéculation ouverte à la diversité :

> *Il y a forcément eu des organisations différentes selon les endroits et les moments. Des inversions de rôle ont certainement pu survenir en des temps donnés pour diverses raisons. Notre regard sur la Préhistoire doit être plein de variations.*

« Encore aujourd'hui, dans les différentes régions du monde, le statut de la femme n'est pas du tout le même partout ! Il devait en être de même par le passé. » Le bon sens de cette réflexion de José Braga doit guider notre approche de la question.

Avancer ensemble dans le respect des individualités

L'individualisme ne pouvait être que synonyme de péril pendant le Paléolithique supérieur. Dans ces groupes d'une vingtaine à une centaine de personnes, chaque membre se devait de participer à la vie de la communauté. Tous les humains étaient responsables des avancées et des errances du groupe. C'est tous ensemble que les premiers représentants de l'humanité ont bâti des horizons culturels variés et subtils. Comme le soutient Dani Nadel, « nos ancêtres vivaient ensemble. Toute idée, toute réussite, tout échec ou toute invention était le fait du groupe ».

Ce chercheur n'imagine pas que ces cellules humaines à démographie restreinte aient pu penser autrement.

Ses collègues avancent que le talent individuel et les goûts de chacun devaient être pris en compte lors de l'attribution de différentes tâches. Les groupes humains étaient régis par des règles de conduite plus ou moins strictes, mais il est probable que les tâches les plus délicates et qui requéraient une compétence particulière, comme la taille de la pierre ou l'ornementation des parois des grottes, étaient confiées aux individus les plus talentueux, indépendamment de leur sexe.

Femme d'hier, femme d'aujourd'hui

Comme le souligne Évelyne Heyer, l'étude des sociétés de la Préhistoire et des populations de chasseurs-cueilleurs actuels nous apprend qu'il n'existe pas de destinée préétablie et que le champ des possibles est sûrement plus large que nous ne l'imaginons. Il n'y a pas qu'une seule évolution.

L'étude du passé et du présent nous apprend qu'il n'y a pas qu'un seul chemin emprunté par les sociétés humaines. Ces dernières peuvent suivre des routes divergentes [...]. Finalement, on ne peut pas envisager un seul itinéraire qu'auraient suivi toutes les sociétés du passé, où elles passeraient, étape par étape, d'un état de société à un autre, comme on le pensait au début du XXe siècle.

Il est probable que les femmes du Paléolithique supérieur n'étaient pas très différentes de celles d'aujourd'hui. Généreuses, habiles, audacieuses et volontaires : les qualités de nos grand-mères, de nos mères et de nos sœurs se nichaient déjà dans l'ADN de Lady Sapiens.

Michèle Coquet nous invite à porter un regard idéalisé sur la communauté des femmes, toutes réunies autour d'une même aspiration : trouver le bonheur pour elles-mêmes, mais aussi contribuer à construire celui des autres.

J'imagine que ce que j'ai perçu en anthropologie était déjà efficient à la Préhistoire : je perçois notamment une grande solidarité entre femmes. De la petite fille à la grand-mère, elles sont unies par des liens nécessaires d'entraide… et ce, de manière très étroite !

Cette solidarité féminine ne doit pas faire oublier que les hommes et les femmes étaient engagés ensemble dans une aventure humaine nécessitant l'effort de tous. Les chercheurs interrogés lors de cette enquête ont régulièrement souligné cette dimension collective, comme Claudine Karlin :

On a besoin de cette complémentarité hommes-femmes pour pouvoir survivre, et je pense que pour les préhistoriques c'était pareil : les hommes et les femmes ont besoin les uns des autres.

Ce n'est pas à la science de déterminer si la femme est l'avenir de l'homme… mais force est de constater qu'elle a considérablement forgé son passé. Dorénavant, il revient à chacun d'entre nous, femmes et hommes, de décider quelle part nous souhaitons porter individuellement pour façonner le monde de demain.

Grâce au travail acharné des archéologues et à la multitude d'indices récoltés, Lady Sapiens sort enfin de l'ombre, libérée du poids des préjugés. Son souffle, ses pas, ses gestes retrouvés nous invitent à redécouvrir l'histoire de nos origines. Une histoire sensible et plus juste de femmes et d'hommes unis dans une destinée commune dont nous sommes les héritiers.

Thomas Cirotteau et Éric Pincas

Bibliographie indicative

Les femmes préhistoriques : ouvrages de portée générale

Sophie A. de BEAUNE, Antoine BALZEAU, *Notre préhistoire. La grande aventure de la famille humaine*, Belin, 2016.

Florian BERROUET, Alexandre HUREL, *Femmes : naissance de l'homme. Icônes de la Préhistoire*, Quai des Brunes, « Le Temps des femmes », 2018.

Sarah BLAFFER HRDY, *La femme qui n'évoluait jamais*, Payot, « Petite Bibliothèque Payot », 2002.

Sarah BLAFFER HRDY, *Comment nous sommes devenus humains. Les origines de l'empathie*, L'Instant présent, 2016.

Claudine COHEN, *Femmes de la Préhistoire*, Belin, 2016 ; Tallandier, « Texto », 2021.

Claudine COHEN, *La Femme des origines. Images de la femme dans la Préhistoire occidentale*, Belin-Herscher, 2003.

Marylène PATOU-MATHIS, *L'homme préhistorique est aussi une femme. Une histoire de l'invibilité des femmes*, Allary, 2020.

Homo sapiens ***& ses ancêtres : un point de vue biologique***

COLLECTIF, *Vénus et Caïn. Figures de la Préhistoire, 1830-1930*, RMN, 2003.
Évelyne HEYER, *L'Odyssée des gènes*, Flammarion, 2020.
Évelyne HEYER (dir.), *Une belle histoire de l'homme*, Éditions du musée de l'Homme/Flammarion, 2015.
Jean-Jacques HUBLIN, Bernard SEYTRE, *Quand d'autres hommes peuplaient la Terre. Nouveaux regards sur nos origines*, Flammarion, « Champs Sciences », 2011.

Les chasseurs-cueilleurs

Serge BAHUCHET, *Les Pygmées Aka et la forêt centrafricaine*, SELAF-CNRS, 1985.
Pierre CLASTRES, *Chroniques des Indiens Guayaki*, Plon, « Terre Humaine », 1972.
Robert GESSAIN, *Ammassalik ou la civilisation obligatoire*, Flammarion, 1969.
Elizabeth MARSHALL THOMAS, *Des gens sans méchanceté*, Gallimard, 1961.
Marshall SAHLINS, *Âge de pierre, âge d'abondance. L'économie des sociétés primitives*, Gallimard, 1976.
Alain TESTART, *Essai sur les fondements de la division sexuelle du travail chez les chasseurs-cueilleurs*, EHESS, 1986.

Sexe & ostéologie

José BRAGA *et al.*, « Cochlear Shape Reveals that the Human Organ of Hearing Is Sex-Typed from Birth », *Scientific Reports*, 2019, vol. 9, nº 1.

Pascal MURAIL *et al.*, « DSP : A Tool for Probabilistic Sex Diagnosis Using Worldwide Variability in Hip-Bone Measurements », *Bulletins et mémoires de la Société d'anthropologie de Paris*, 2005, vol. 17, nº 3-4, p. 167-176.

Nomadisme, alimentation, activités physiques : les modes de vie préhistorique

Sophie A. de BEAUNE, *Chasseurs-cueilleurs. Comment vivaient nos ancêtres du Paléolithique supérieur*, CNRS Éditions, « Biblis », 2013.

Sophie A. de BEAUNE, « A Critical Analysis of the Evidence for Sexual Division of Tasks in the European Upper Paleolithic », in K.A. Overmann, F.L. Coolidge (dir.), *Squeezing Minds from Stones : Cognitive Archeology and the Evolution of the Human Mind*, Oxford University Press, 2019, p. 376-405.

Theya IVITSKY MOLLESON, « The Eloquent Bones of Abu Hureyra », *Scientific American*, 1994, vol. 271, nº 2, p. 70-75.

Michèle JULIEN, Claudine KARLIN (dir.), *Un automne à Pincevent. Le campement magdalénien du niveau IV20*, Société préhistorique française, 2014.

Courtney L. MEEHAN, Alyssa N. CRITTENDEN (dir.), *Childhood : Origins, Evolution, and Implications*, University of New Mexico Press, 2016.

Linda R. Owen, *Distorting the Past : Gender and the Division of Labor in the European Upper Paleolithic*, KernsVerlag, 2005.

Théo Tacail *et al.*, « Assessing Human Weaning Practices with Calcium Isotopes in Tooth Enamel », *PNAS*, 2017, vol. 114, nº 24, p. 6268-6273.

Boris Valentin, *Le Paléolithique*, PUF, « Que sais-je ? », 2019.

Sébastien Villotte, *Enthésopathies et activités des hommes préhistoriques. Recherche méthodologique et application aux fossiles européens du Paléolithique supérieur et du Mésolithique*, thèse de doctorat, Anthropologie biologique, université Bordeaux I, 2008 ; Archaeopress, « British Archeological Reports », 2009.

Sébastien Villotte *et al.*, « The Paleobiology of Two Adult Skeletons from Baousso da Torre (Bausu da Ture) (Liguria, Italy) : Implications for Gravettian Lifestyle », *Comptes rendus Palevol*, 2017, vol. 16, nº 4, p. 462-473.

Art & artisanat

James M. Adovasio, Olga Soffer, Jake Page, *The Invisible Sex : Uncovering the True Roles of Women in Prehistory*, Routledge, 2009.

James M. Adovasio, « The Appearance of Plant Fiber Artifacts : An Upper Paleolithic Event Horizon », article présenté au symposium « Going Beyond Stone Tools : The Other Signs of Paleolithic Transitions », XVIIe congrès international de l'Union internationale des sciences préhistoriques et protohistoriques, Florianopolis (Brésil), 2011.

Delphine Dupuy, *Fragments d'images, images de fragments. La statuaire gravettienne, du geste au symbole*, thèse de doctorat,

Archéologie et Préhistoire, université de Provence – Aix-Marseille I, 2007.

Clément Paris *et al.*, « Premières observations sur le gisement gravettien à statuettes féminines d'Amiens-Renancourt 1 (Somme) », *Bulletin de la Société préhistorique française*, 2017, vol. 114, nº 3, p. 423-444.

Marian Vanhaeren, Francesco d'Errico, « Aurignacian Ethno-Linguistic Geography of Europe Revealed by Personal Ornaments », *Journal of Archaeological Science*, 2006, vol. 33, nº 8, p. 1105-1128.

Intimité & sexualité

Gerhard Bozinski, *Femmes sans tête. Une icône culturelle dans l'Europe de la fin de l'ère glaciaire*, Errance, 2011.

Benjamin Brody, « The Sexual Significance of the Axillae », *Psychiatry*, 1975, vol. 38, nº 3, p. 278-289.

Jacques Buisson-Catil, Jérôme Primault, *Le Roc-aux-Sorciers. Rencontre avec le peuple magdalénien*, Association des publications chauvinoises, 2012.

Brigitte Delluc, Gilles Delluc, Jean-Pierre Duhard (dir.), *Représentation de l'intimité féminine dans l'art paléolithique en France*, Presses universitaires de Liège, 2017.

Gilles Delluc, *Le Sexe au temps des Cro-Magnons*, Pilote, 2006.

Brian Hayden, *L'Homme et l'Inégalité. L'invention de la hiérarchie durant la Préhistoire*, CNRS Éditions, « Le passé recomposé », 2008.

Jean-Jacques Hublin, *Biologie de la culture. Paléoanthropologie du genre* Homo, Collège de France/Fayard, 2017.

Ludmila IAKOVLEVA, Geneviève PINÇON, « La frise sculptée du Roc-aux-Sorciers », *Bulletin de la Société préhistorique française*, 1998, vol. 95, nº 1, p. 110-111.

Peter S. KIM, James E. COXWORTH, Kristen HAWKES, « Increased Longevity Evolves from Grandmothering », *Proceedings of the Royal Society B : Biological Sciences*, 2012, vol. 279, nº 1749, p. 4880-4884.

Sheril KIRSHENBAUM, *The Science of Kissing : What Our Lips Are Telling Us*, Grand Central Publishing, 2011.

M. LAHDENPERÄ, V. LUMMAA et A. F. RUSSELL, « Menopause : Why Does Fertility End Before Life ? », *Climacteric*, 2004, vol. 7, nº 4, p. 327-331.

Henry de LUMLEY, *La Grotte du Cavillon sous la falaise Baousse Rousse Grimaldi, Vintimille, Italie*, CNRS Éditions, 2016.

Helen PERICH ALVAREZ, « Grandmother Hypothesis and Primate Life Histories », *Physical Anthropology*, 2000, vol. 113, nº 3, p. 435-450.

Pascal PICQ, *Et l'évolution créa la femme*, Odile Jacob, 2020.

Pascal PICQ, Philippe BRENOT, *Le Sexe, l'Homme et l'Évolution*, Odile Jacob, 2009.

Jiří A. SVOBODA, *Dolní Věstonice-Pavlov. Explaining Paleolithic Settlements in Central Europe*, Texas A&M University Press, 2020.

Timothy TAYLOR, *La Préhistoire du sexe*, Nouveau Monde, 2020.

Erik TRINKAUS, « The Adiposity Paradox in the Middle Danubian Gravettian », *Anthropologie*, 2005, vol. 43, nº 2-3, p. 263-271.

Table

L'EXEMPLAIRE QUE VOUS TENEZ ENTRE LES MAINS
A ÉTÉ RENDU POSSIBLE GRÂCE AU TRAVAIL DE TOUTE UNE ÉQUIPE.

ILLUSTRATIONS : Pascaline Gaussein
COUVERTURE ET CONCEPTION GRAPHIQUE : Éric Pillault
RÉVISION : Isabelle Paccalet, Anaïs Pournin et Vladimir Sichler
MISE EN PAGE : Marion Bonnecaze
COMPOSITION : Soft Office
PHOTOGRAVURE : Point 11
FABRICATION : Lucie Le Bon
COMMERCIAL ET MARKETING : Pierre Bottura
RELATIONS LIBRAIRES : Jean-Baptiste Noailhat et Damien Nassar
PRESSE ET COMMUNICATION : Isabelle Mazzaschi avec Axelle Vergeade
LES ARÈNES DU SAVOIR : Pierre Bottura avec Marc Blactot, Laura Darmon, Adèle Hybre, Guillaume Lollier et Clémentine Malgras

RUE JACOB DIFFUSION : Élise Lacaze (direction), Katia Berry (grand Sud-Est), François-Marie Bironneau (Nord et Est), Charlotte Jeunesse (Paris et région parisienne), Christelle Guilleminot (grand Sud-Ouest), Laure Sagot (grand Ouest), Diane Maretheu (coordination), Charlotte Knibiehly (ventes directes) et Camille Saunier (librairies spécialisées)

DISTRIBUTION : Interforum

DROITS FRANCE ET JURIDIQUE : Geoffroy Fauchier-Magnan
DROITS ÉTRANGERS : Sophie Langlais
ACCUEIL ET LIBRAIRIE : Laurence Zarra
ANIMATION : Sophie Quetteville
ENVOIS AUX JOURNALISTES ET LIBRAIRES : Vidal Ruiz Martinez
COMPTABILITÉ ET DROITS D'AUTEUR : Christelle Lemonnier, Camille Breynaert et Christine Blaise
SERVICES GÉNÉRAUX : Isadora Monteiro Dos Reis

L'ensemble de cet ouvrage a été réalisé dans le respect
des règles environnementales en vigueur. Il a été imprimé
par un imprimeur certifié Imprim'vert, sur du Lac 2000 PEFC
pour l'intérieur et une carte Metsäboard PEFC pour la couverture.

PEFC™
10-31-2541
Certifié PEFC
Ce produit est issu de forêts gérées durablement et de sources contrôlées
www.pefc-france.org

Achevé d'imprimer en France
sur les presses de l'imprimerie Normandie Roto s.a.s.
à Lonrai (Orne) en juillet 2021.

ISBN : 979-10-375-0408-1

Numéro d'impression : 2103452

Dépôt légal : septembre 2021